ACCESO GRATIS *a la Lectura en la Nube*

Para visualizar el libro electrónico en la nube de lectura envíe junto a su nombre y apellidos una fotografía del código de barras situado en la contraportada del libro y otra del ticket de compra a la dirección:

ebooktirant@tirant.com

En un máximo de 72 horas laborales le enviaremos el código de acceso con sus instrucciones.

ESQUEMAS SOBRE LA CORTE INTERAMERICANA DE DERECHOS HUMANOS

ESQUEMAS SOBRE LA CORTE INTERAMERICANA DE DERECHOS HUMANOS

PAULA ROBLEDO SILVA

tirant lo blanch
Bogotá D.C., 2024

EDITA: TIRANT LO BLANCH
Calle 11 # 2-16 (Bogotá D.C.)
Telf.: 4660171
Email:tlb@tirant.com
Librería Virtual: www.tirant.com/co/
ISBN 978-84-1071-751-0

Si tiene alguna queja o sugerencia, envíenos un mail a: *atencioncliente@tirant.com*. En caso de no ser atendida su sugerencia, por favor, lea en *www.tirant.net/index.php/empresa/politicas-de-empresa* nuestro Procedimiento de quejas.

Responsabilidad Social Corporativa: http://www.tirant.net/Docs/RSCTirant.pdf

Índice

PRESENTACIÓN

El libro que se presenta a continuación busca facilitar la comprensión y la aplicación de los procedimientos ante la Corte Interamericana de Derechos Humanos, una institución clave en la salvaguarda de los derechos humanos en el continente americano. A lo largo de sus páginas, exploramos de manera esquemática las cuestiones procesales y sustanciales que enmarcan la función contenciosa y consultiva de esta Corte, con el objetivo de ofrecer una guía práctica tanto para estudiantes como para profesionales del derecho que interactúan con el Sistema Interamericano de Derechos Humanos.

En el contexto de un Sistema Interamericano que está en constante evolución, es imperativo comprender los mecanismos procesales que rigen las actuaciones ante la Corte Interamericana. Este libro se enfoca en desentrañar la complejidad de los procedimientos interamericanos, brindando claridad sobre las reglas de procedimiento y su impacto en la garantía de derechos. La relevancia de entender estos procesos no puede subestimarse, ya que las reglas de procedimiento no solo estructuran el proceso judicial, sino que son fundamentales para la protección efectiva de los derechos humanos.

Uno de los ejes centrales de nuestra exploración es el análisis de la función contenciosa y consultiva de la Corte. En la función contenciosa, donde la Corte examina y resuelve casos específicos de violaciones a los derechos humanos, se requiere un conocimiento profundo de las reglas que rigen desde la admisión de casos hasta la emisión de sentencias, la interpretación y la supervisión de cumplimiento de las mismas. De igual manera, con la adopción de medidas urgentes y provisionales para la protección de los derechos. La función consultiva, por su parte, ofrece un impresionante alcance al permitir que la Corte emita opiniones sobre la interpretación de la Convención Americana sobre Derechos Humanos, otros tratados e incluso la compatibilidad de leyes nacionales, proporcionando así una guía esencial para los Estados y las instituciones que buscan alinearse con los estándares interamericanos.

El carácter dinámico del Sistema Interamericano de Derechos Humanos es evidente en la forma en que la Corte ha desarrollado y adaptado sus estándares sustanciales y procesales a lo largo del tiempo. La jurisprudencia de la Corte no solo refleja la evolución de estos estándares, sino que también marca un camino hacia la aplicación práctica del derecho interamericano. En este sentido, el libro pone de manifiesto la importancia del control de convencionalidad, una figura que obliga a los Estados a ajustar sus legislaciones internas a los estándares internacionales, y la necesidad de una interpretación que garantice el respeto al orden público interamericano.

El Sistema Interamericano no está exento de críticas, particularmente en relación con la exigencia de altos estándares procesales para los Estados parte. La Corte ha sido señalada por su rigurosidad en el cumplimiento de las normas procesales en los procesos administrativos y judiciales. No obstante, esta se equilibra con una flexibilidad procedimental fundamentada en el principio pro persona, que busca la protección efectiva de los derechos humanos. Este principio, junto con el reconocimiento de la singularidad del testimonio de las víctimas, subraya la importancia de la justicia en la vida real, adaptándose a las necesidades y realidades de cada caso.

El presente libro se dirige a estudiantes y litigantes, sirviendo como una herramienta esencial para el estudio y la práctica del derecho interamericano. En un contexto donde las fronteras entre el derecho internacional y el derecho interno se difuminan y los efectos del Sistema Interamericano de Derechos Humanos en los ordenamientos nacionales son cada vez más prominentes, comprender los componentes procesales de los procedimientos judiciales internacionales se vuelve crucial. Esto no solo fortalece la capacidad de los profesionales para abogar por los derechos humanos, sino que también contribuye a un diálogo más informado y constructivo sobre la protección de los derechos fundamentales en el continente americano.

El estudio de los procedimientos ante la Corte Interamericana de Derechos Humanos no solo es una tarea académica, sino una necesidad práctica para la efectiva defensa y promoción de los derechos humanos. Este libro, con sus esquemas, busca facilitar el entendimiento de estos procedimientos y contribuir al robustecimiento del Sistema Interamericano, reafirmando su papel fundamental en la garantía y promoción de los derechos humanos. Para ello, se incluyen esquemas sobre la estructura, el funcionamiento y el procedimiento ante la Corte, pero también sobre algunas cuestiones sustanciales cuya comprensión es importante por los efectos que tienen en el procedimiento del Tribunal. Asimismo, en algunos esquemas se encuentran referencias explícitas a casos en los que la Corte Interamericana ha aplicado una figura determinada o se ha pronunciado sobre una situación fáctica o procesal determinada. De esta manera, se facilita el rastreo y ejemplificación de los temas que el libro ilustra.

Esperamos que este libro sea un recurso valioso y esclarecedor para todas las personas comprometidas con la justicia y la defensa de los derechos humanos en las Américas. La labor de la Corte Interamericana y el Sistema que representa continúan siendo un faro de esperanza y un estándar de protección, cuyo estudio y comprensión son esenciales para avanzar hacia una sociedad más justa y equitativa.

CAPÍTULO 1
EL SISTEMA INTERAMERICANO DE DERECHOS HUMANOS

ESQUEMA 1.1. ESTRUCTURA DEL SISTEMA INTERAMERICANO DE DERECHOS HUMANOS

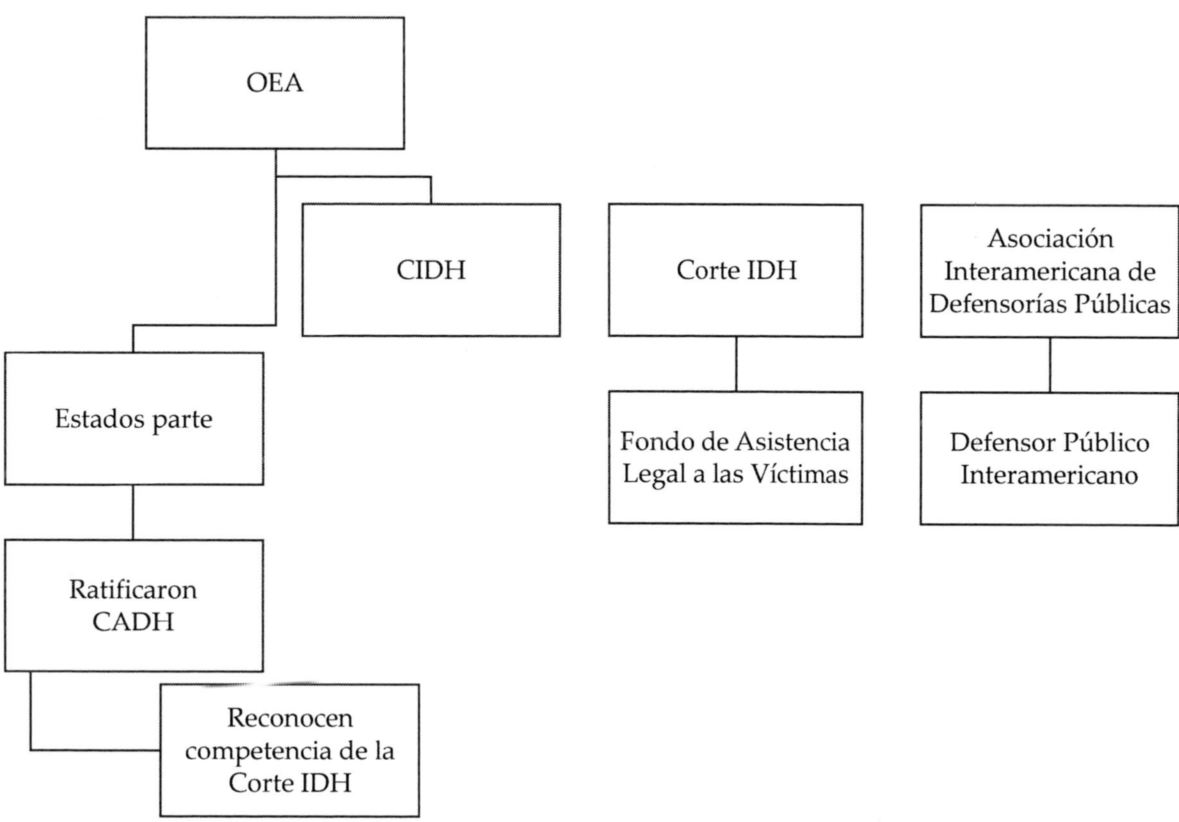

ESQUEMA 1.2. ESTADOS QUE HACEN PARTE DEL SISTEMA INTERAMERICANO DE DERECHOS HUMANOS

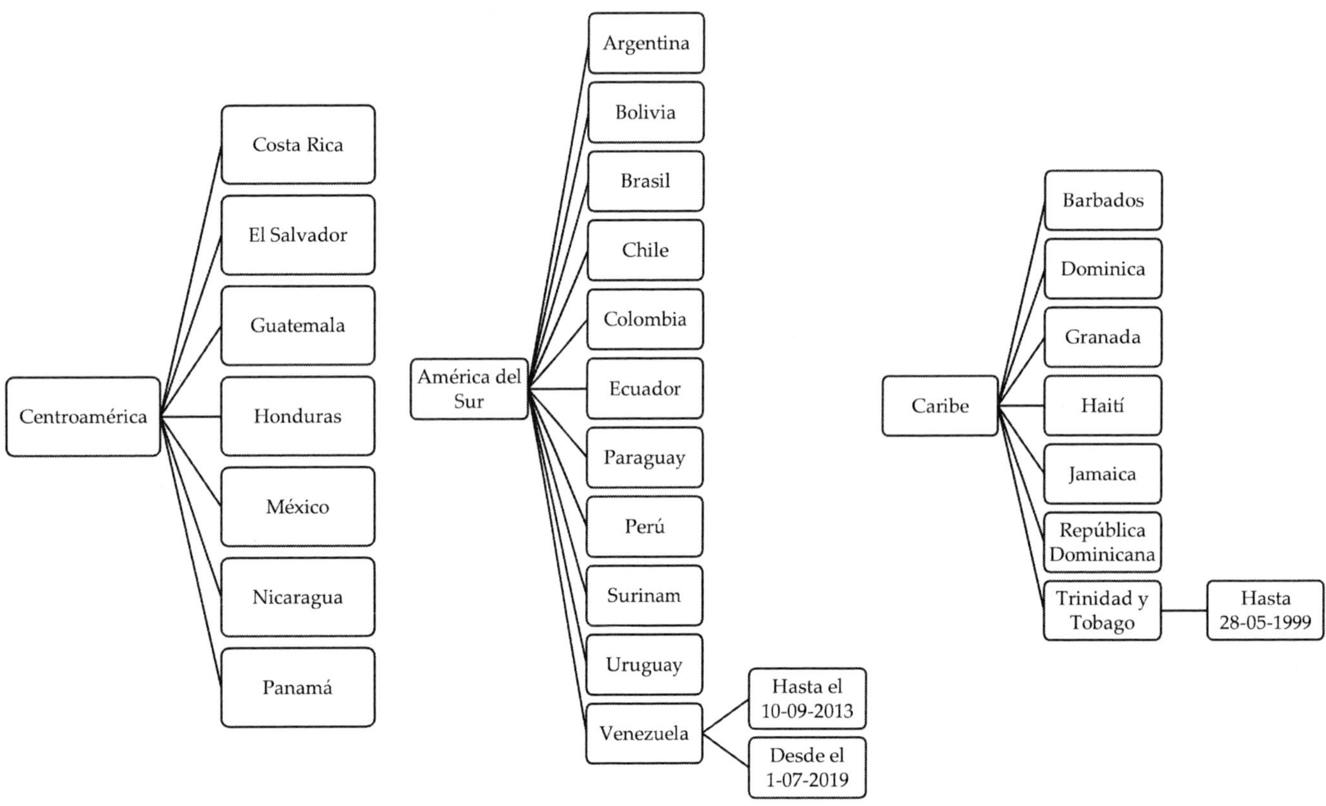

ESQUEMA 1.3. LOS DERECHOS PROTEGIDOS POR LA CONVENCIÓN AMERICANA SOBRE DERECHOS HUMANOS

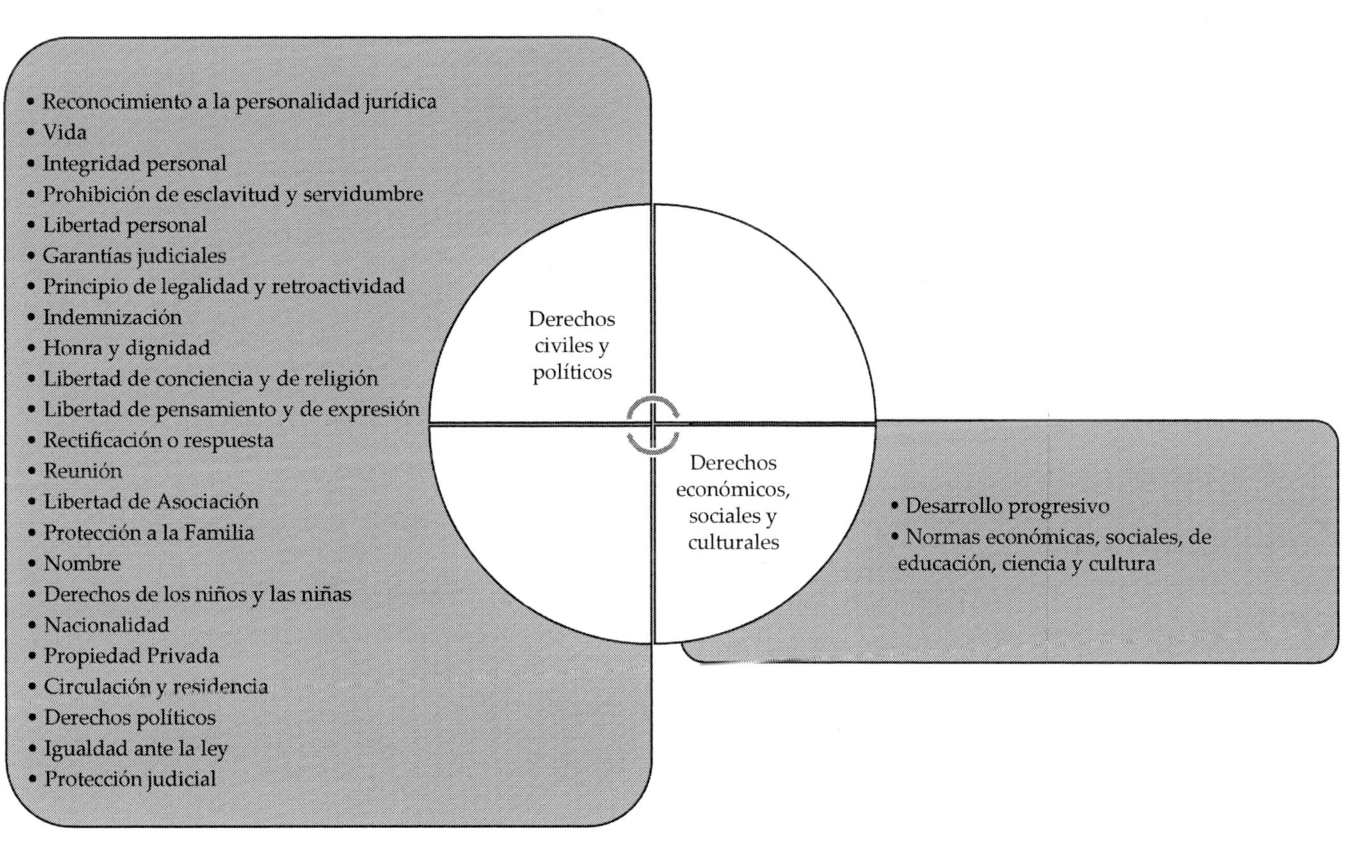

ESQUEMA 1.4. DERECHOS ECONÓMICOS, SOCIALES Y CULTURALES PROTEGIDOS A PARTIR DEL ARTÍCULO 26 DE LA CONVENCIÓN

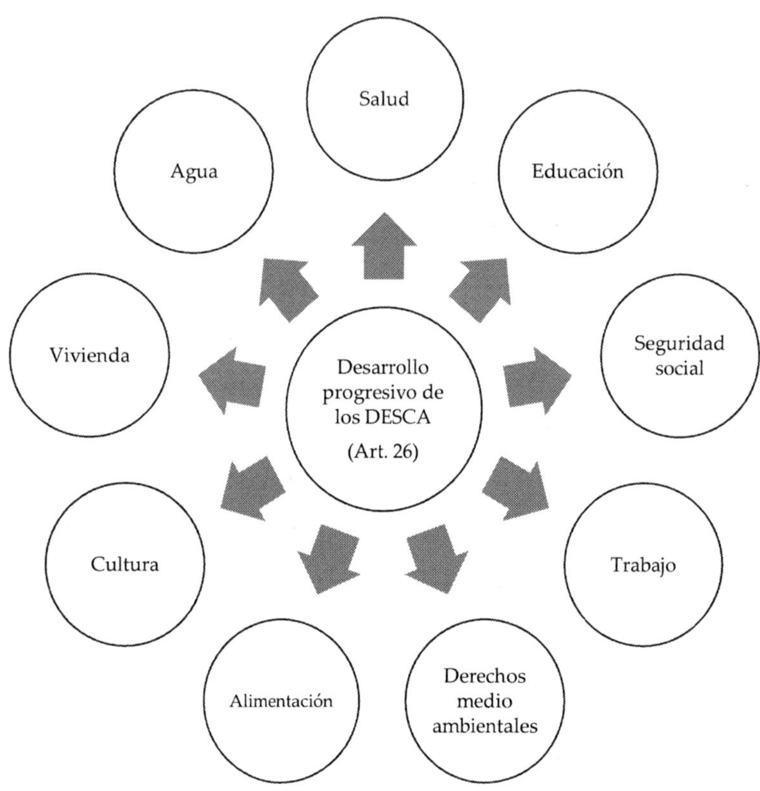

ESQUEMA 1.5. COMPONENTES DEL *CORPUS IURIS* INTERAMERICANO

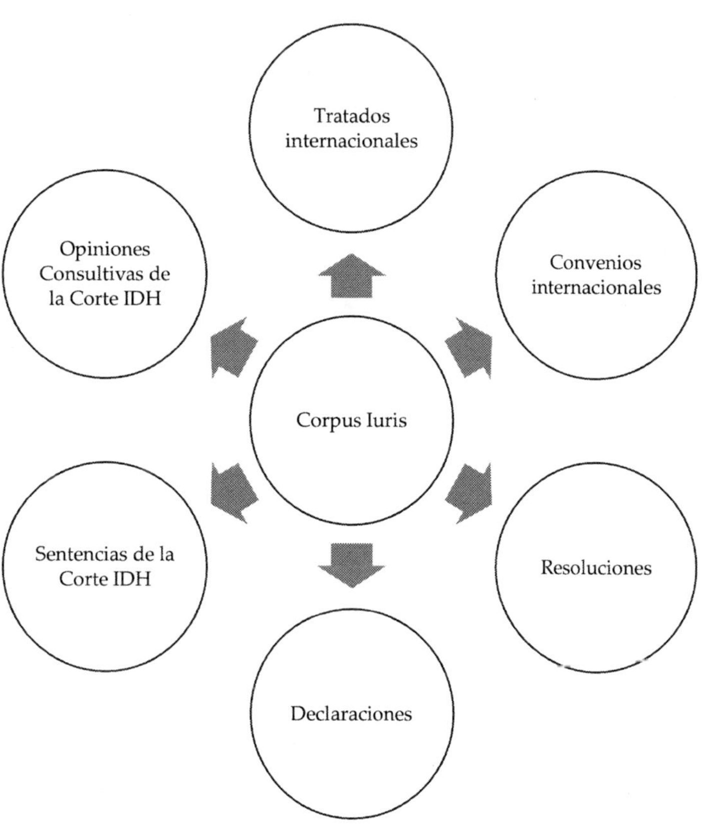

ESQUEMA 1.6. PRINCIPALES INSTRUMENTOS DE DERECHOS HUMANOS DEL SISTEMA INTERAMERICANO

- Convención Americana sobre Derechos Humanos (Pacto de San José)
- Protocolo sobre los Derechos Económicos, Sociales y Culturales (Protocolo de San Salvador)
- Protocolo sobre los Derechos Humanos relativo a la Abolición de Pena de Muerte
- Declaración Americana sobre los Derechos y Deberes del Hombre
- Convención Interamericana sobre la Protección de los Derechos Humanos de las Personas Mayores
- Convención Interamericana para Prevenir, Sancionar y Erradicar la Violencia contra la Mujer (Convención Belém do Pará)
- Convención Interamericna sobre Desaparición Forzada de Personas
- Convención Interamericana para Prevenir y Sancionar la Tortura
- Convención Interamericana para la Eliminación de todas las Formas de Discriminación contra las Personas con Discapacidad
- Convención Interamericana contra el Racismo, la Discriminación Racial y Formas Conexas de Intolerancia
- Convención Interamericana contra toda Forma de Discriminación e Intolerancia
- Carta Democrática Interamericana
- Carta Social de las Américas
- Declaración Americana sobre los derechos de los pueblos indígenas
- Declaración sobre los principios de Libertad de Expresión

ESQUEMA 1.7. ESTADO DE RATIFICACIONES Y ADHESIONES A LOS PRINCIPALES TRATADOS INTERAMERICANOS DE DERECHOS HUMANOS

✓ Rat./Adh **X** Den Sin Rat/Adh	CADH	P. San Salvador	P. Pena de Muerte	C. Discr. e intolerancia	C. Personas Mayores	C. Belém do Pará	C. Desaparición Forzada	C. Tortura	C. Discap.	C. Discr. Racial
Argentina	✓	✓	✓		✓	✓	✓	✓	✓	
Barbados	✓					✓				
Bolivia	✓	✓			✓	✓	✓	✓	✓	
Brasil	✓	✓	✓			✓	✓	✓	✓	✓
Chile	✓	✓	✓		✓	✓	✓	✓	✓	
Colombia	✓	✓			✓	✓	✓	✓	✓	
Costa Rica	✓	✓	✓		✓	✓	✓	✓	✓	✓
Dominica	✓					✓				
Ecuador	✓	✓	✓	✓	✓	✓	✓	✓	✓	✓
El Salvador	✓	✓			✓	✓		✓	✓	
Granada	✓					✓				
Guatemala	✓	✓				✓	✓	✓	✓	
Haití	✓			✓		✓			✓	
Honduras	✓	✓	✓			✓	✓	✓	✓	
Jamaica	✓					✓				
México	✓	✓	✓	✓	✓	✓	✓	✓	✓	✓

✓ Rat./Adh **X** Den Sin Rat/Adh	CADH	P. San Salvador	P. Pena de Muerte	C. Discr. e intolerancia	C. Personas Mayores	C. Belém do Pará	C. Desaparición Forzada	C. Tortura	C. Discap.	C. Discr. Racial
Nicaragua	✓	✓	✓			✓		✓	✓	
Panamá	✓	✓	✓			✓	✓	✓	✓	
Paraguay	✓	✓	✓			✓	✓	✓	✓	
Perú	✓	✓			✓	✓	✓	✓	✓	
República Dominicana	✓		✓			✓		✓	✓	
Surinam	✓	✓			✓	✓		✓		
Trinidad y Tobago	X					✓				
Uruguay	✓	✓	✓	✓	✓	✓	✓	✓	✓	✓
Venezuela	✓	✓	✓			✓	✓	✓	✓	

ESQUEMA 1.8. DERECHOS PROTEGIDOS POR EL PROTOCOLO DE SAN SALVADOR

Derecho al Trabajo (Art. 6)	Condiciones justas, equitativas y satisfactorias de trabajo (Art. 7)	Derechos sindicales (Art. 8)	Derecho a la seguridad social (Art. 9)
Derecho a la salud (Art. 10)	Derecho a un medio ambiente sano (Art. 11)	Derecho a la alimentación (Art. 12)	Derecho a la educación (Art. 13)
Derecho a los beneficios de la cultura (Art. 14)	Derecho a la constitución y protección de la familia (Art. 15)	Derecho a la niñez (Art. 16)	Protección a las personas mayores (Art. 17)
	Protección de las personas con discapacidad (Art. 18)		

CAPÍTULO 2
LA CORTE INTERAMERICANA DE DERECHOS HUMANOS

ESQUEMA 2.1. FUNCIONES DE LA CORTE IDH

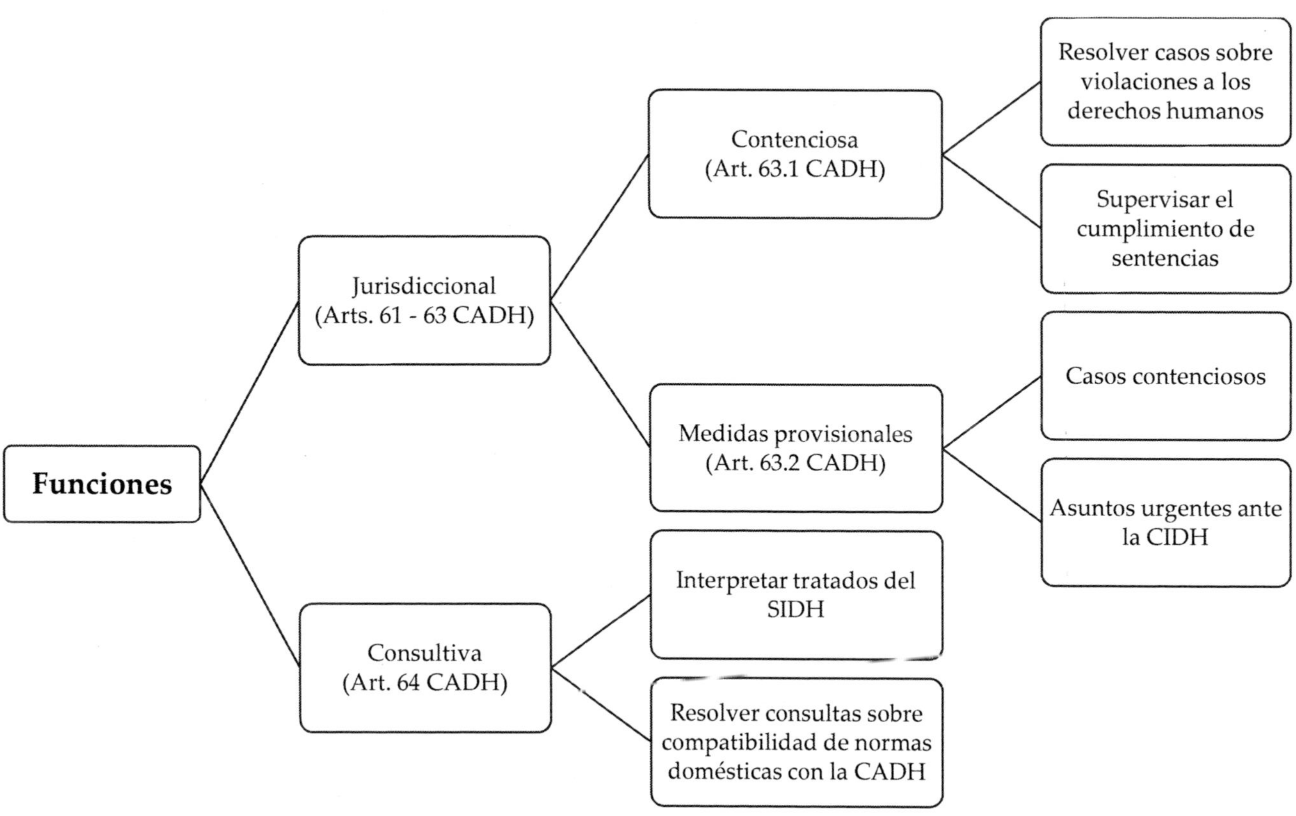

ESQUEMA 2.2. ESTRUCTURA DE LA CORTE IDH

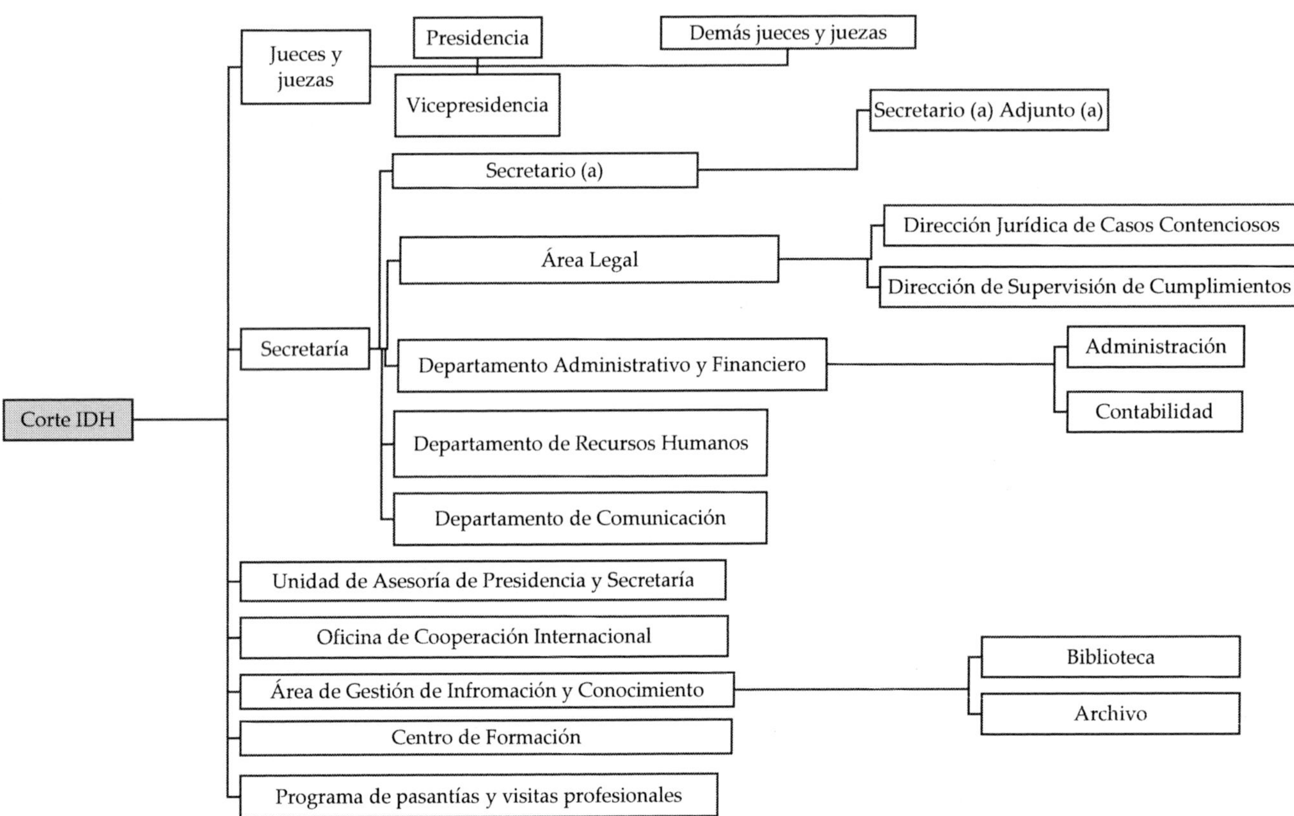

ESQUEMA 2.3. FUNCIONAMIENTO DE LA CORTE IDH

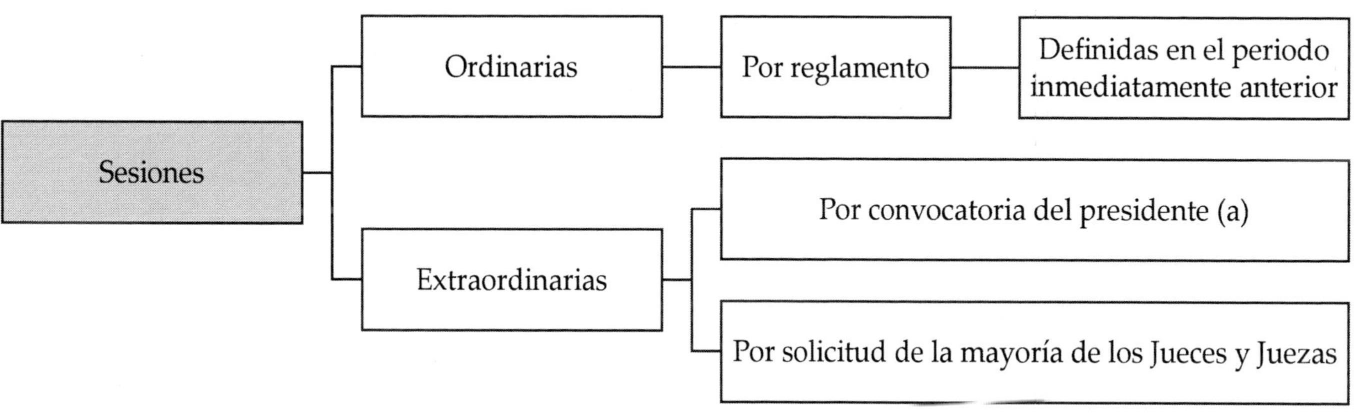

ESQUEMA 2.4. COMPOSICIÓN DE LA CORTE IDH

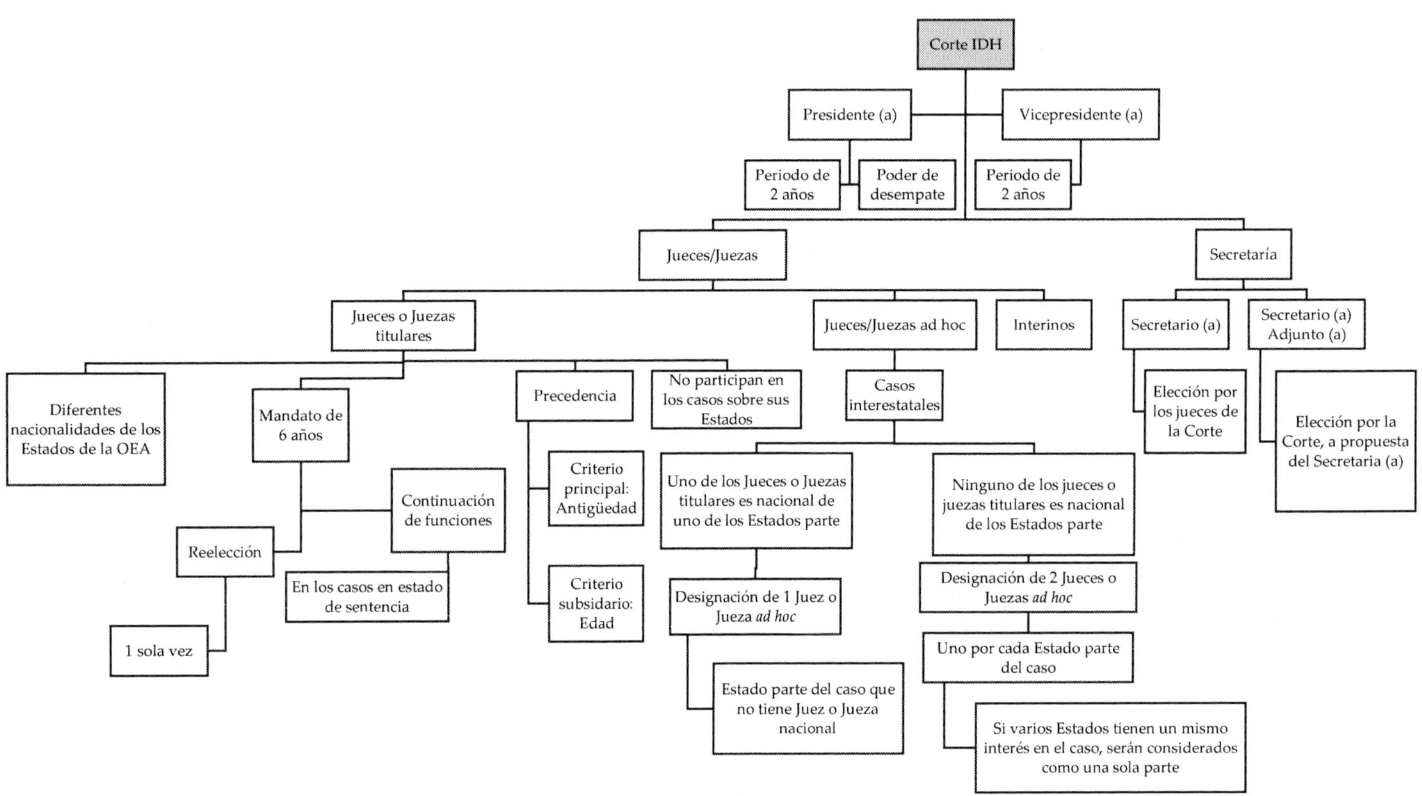

ESQUEMA 2.5. FACTORES DE COMPETENCIA DE LA CORTE IDH

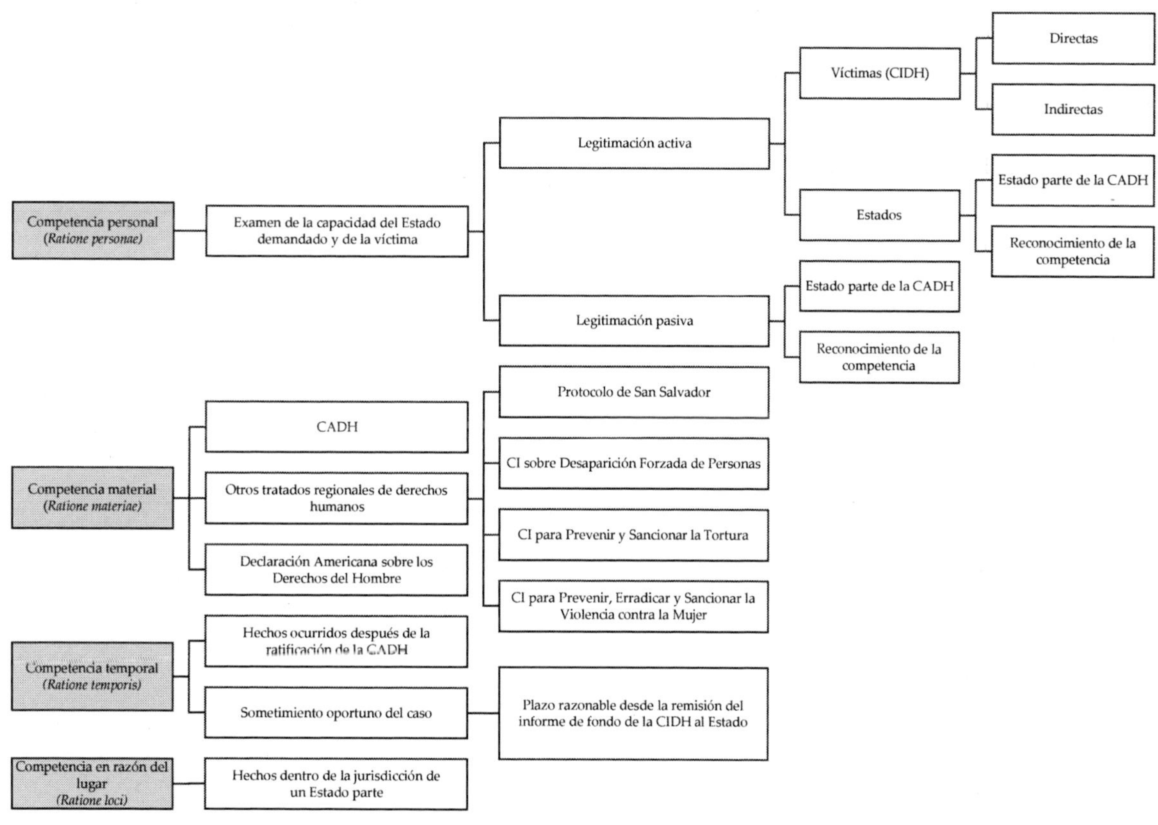

ESQUEMA 2.6. RECONOCIMIENTO DE LA COMPETENCIA CONTENCIOSA DE LA CORTE IDH

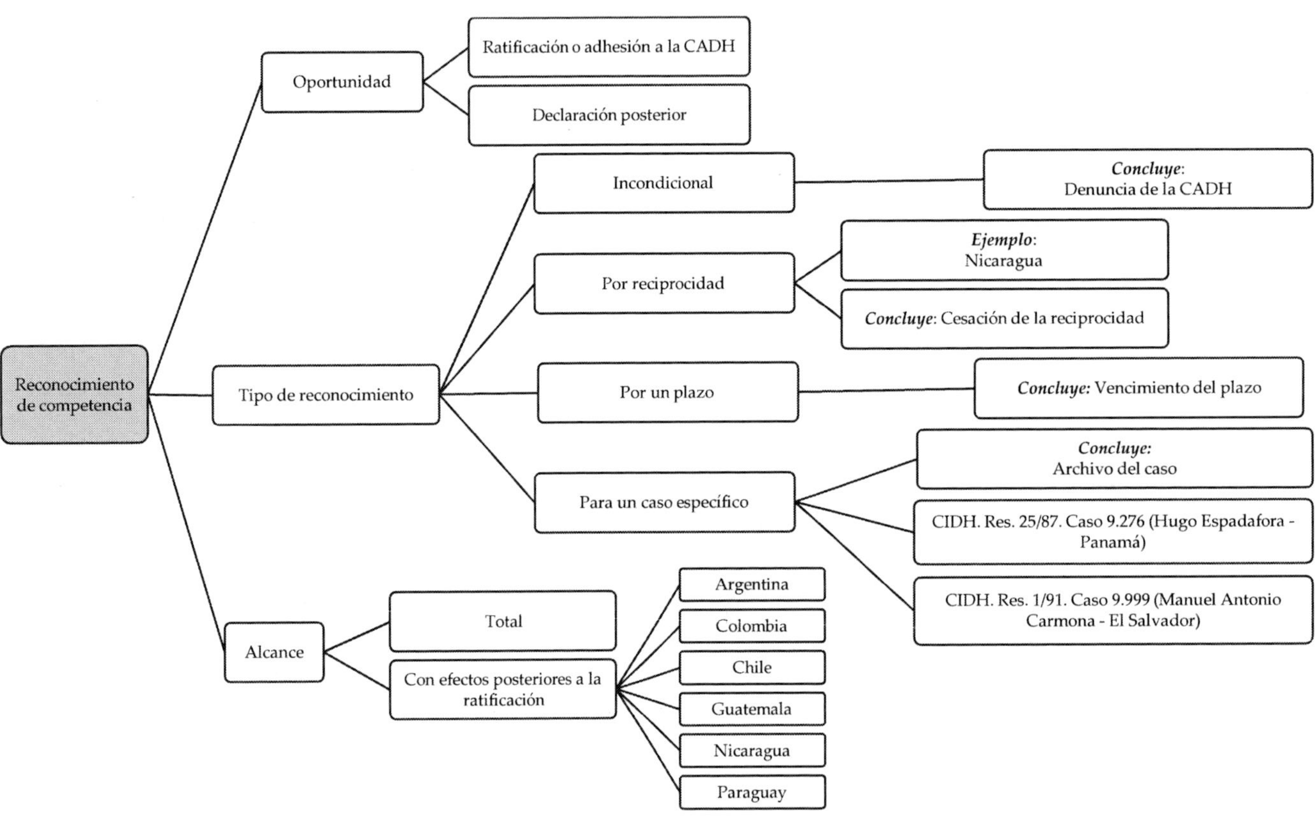

ESQUEMA 2.7. TRÁMITE PARA RECONOCER LA COMPETENCIA CONTENCIOSA DE LA CORTE IDH

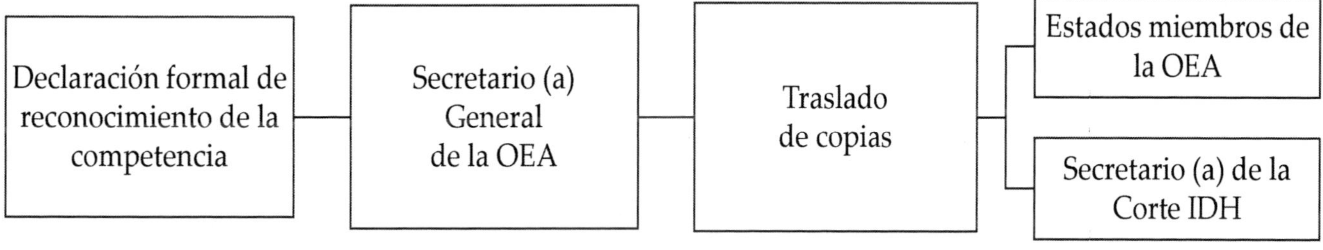

ESQUEMA 2.8. ESTADOS QUE HAN RECONOCIDO LA COMPETENCIA DE LA CORTE IDH

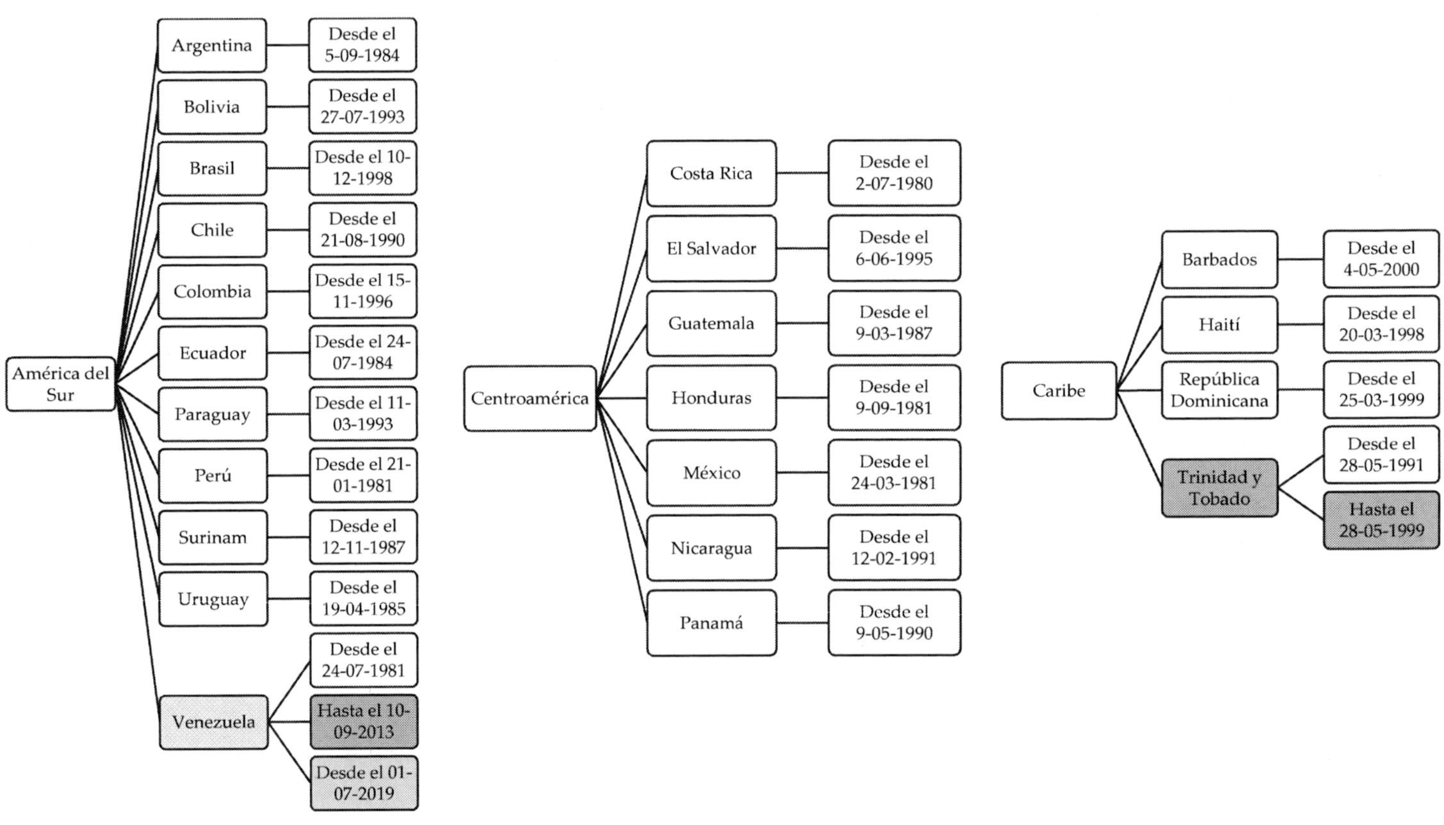

ESQUEMA 2.9. REVOCATORIA DE LA COMPETENCIA DE LA CORTE IDH

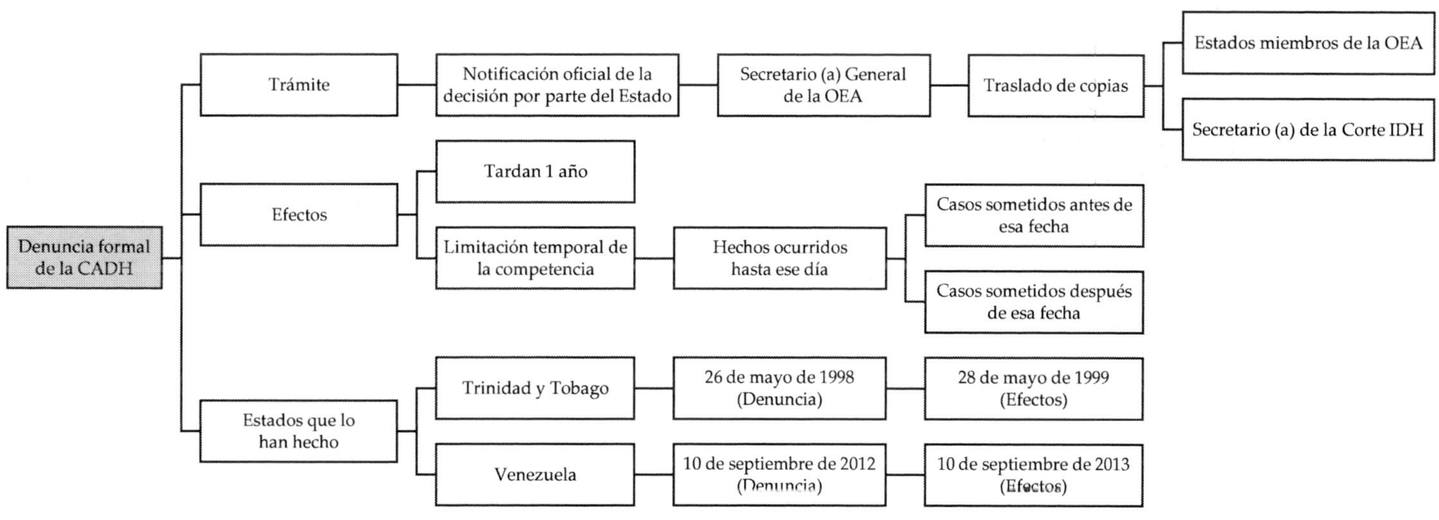

ESQUEMA 2.10. EL CASO *SUI GENERIS* DE LA COMPETENCIA DE LA CORTE RESPECTO DE VENEZUELA

ESQUEMA 2.11. EJEMPLOS DE LOS EFECTOS LIMITADOS DE LA REVOCATORIA DE COMPETENCIA DE LA CORTE IDH EN EL TIEMPO

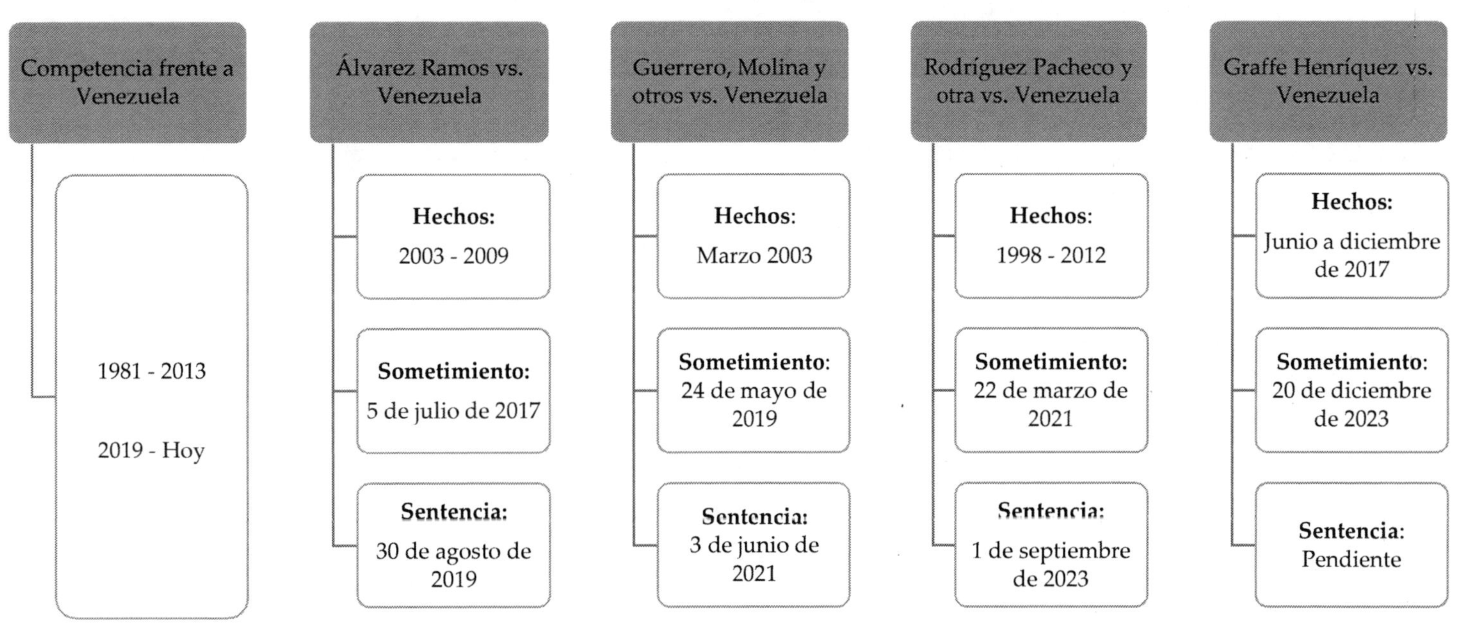

ESQUEMA 2.12. LA FALTA DE EFECTIVIDAD DEL RETIRO EXCLUSIVO DE LA JURISDICCIÓN CONTENCIOSA DE LA CORTE IDH

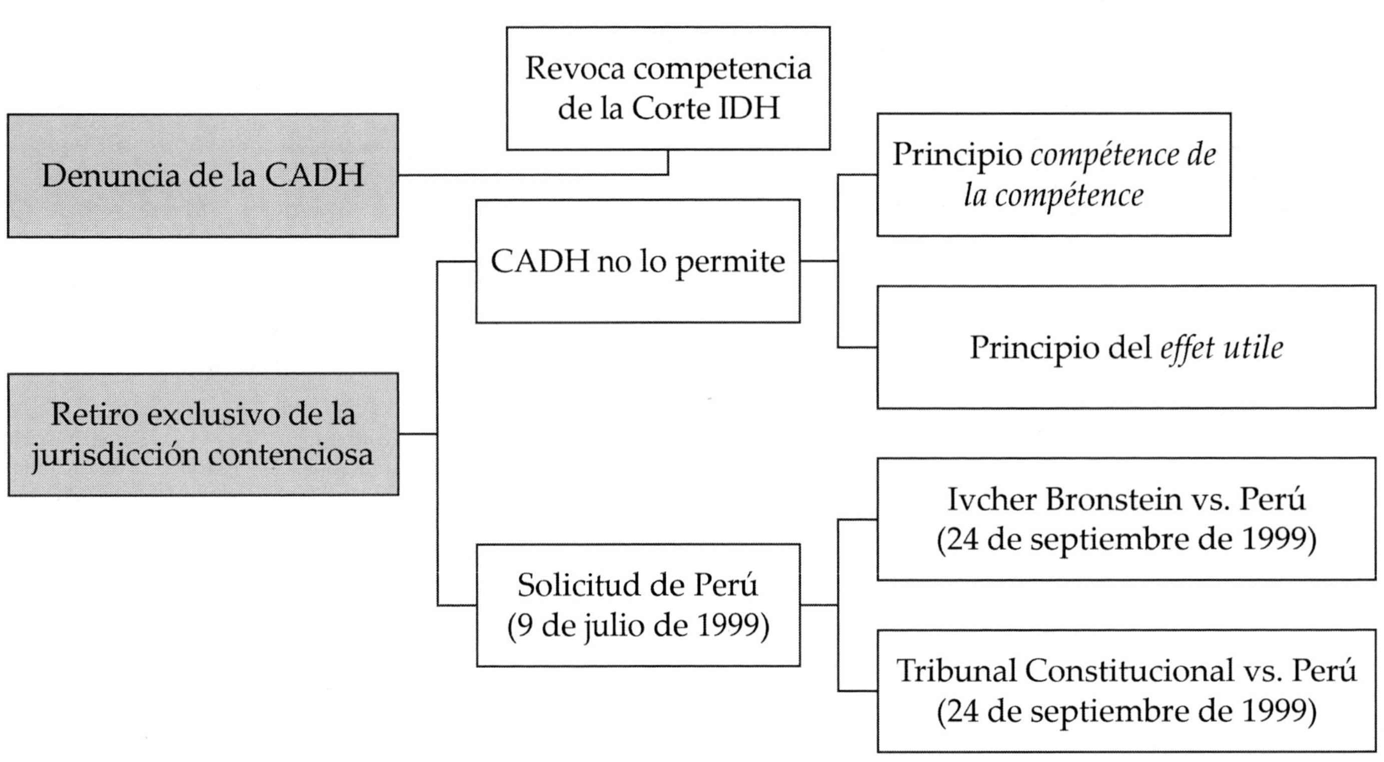

CAPÍTULO 3
EL RÉGIMEN JURÍDICO DE LOS JUECES, JUEZAS Y LA SECRETARÍA DE LA CORTE INTERAMERICANA

ESQUEMA 3.1. REQUISITOS PARA SER JUEZ O JUEZA DE LA CORTE IDH

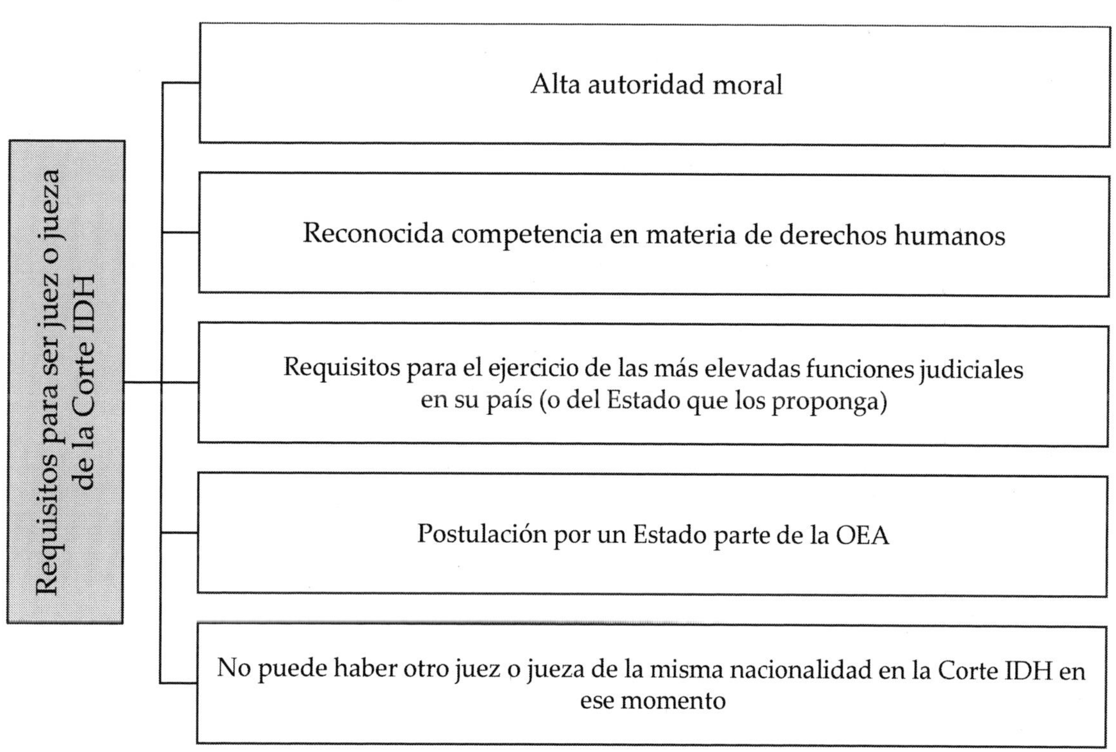

ESQUEMA 3.2. ELECCIÓN DE LOS JUECES Y JUEZAS DE LA CORTE IDH

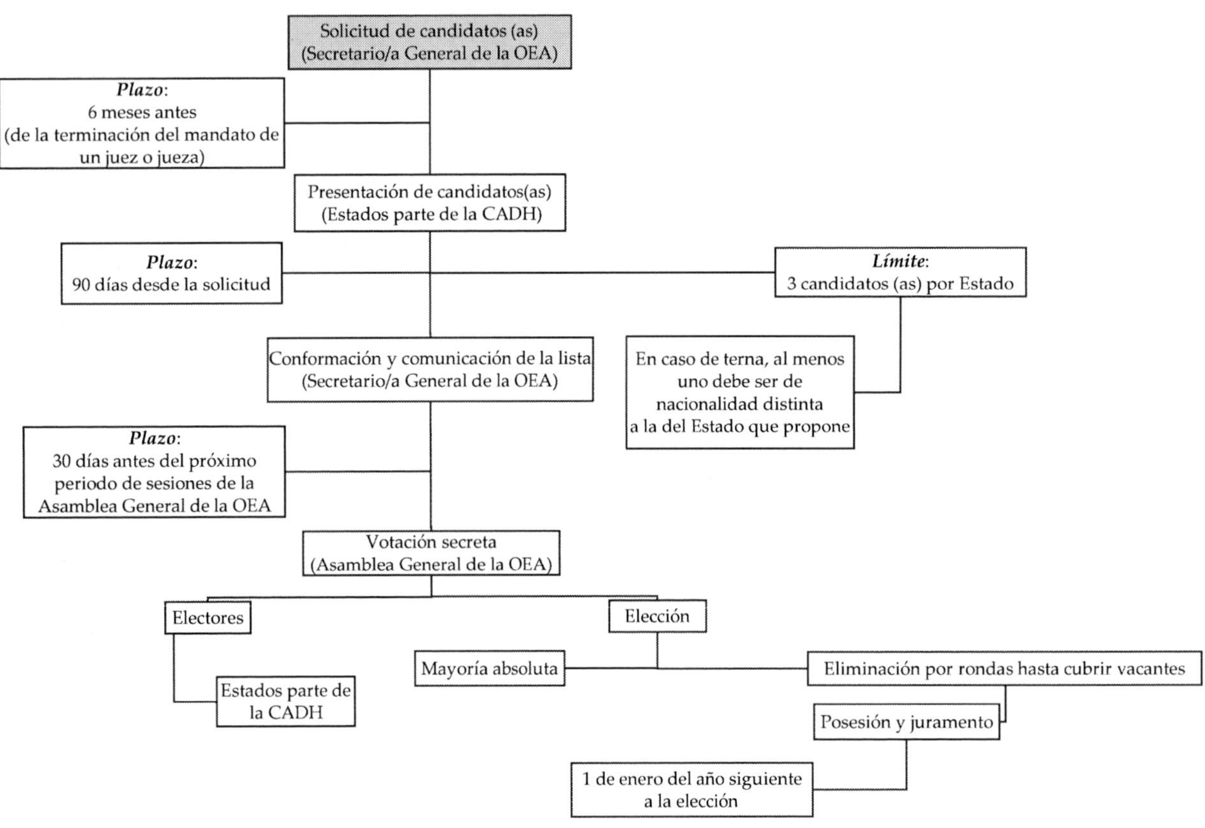

ESQUEMA 3.3. LA PRESIDENCIA DE LA CORTE IDH

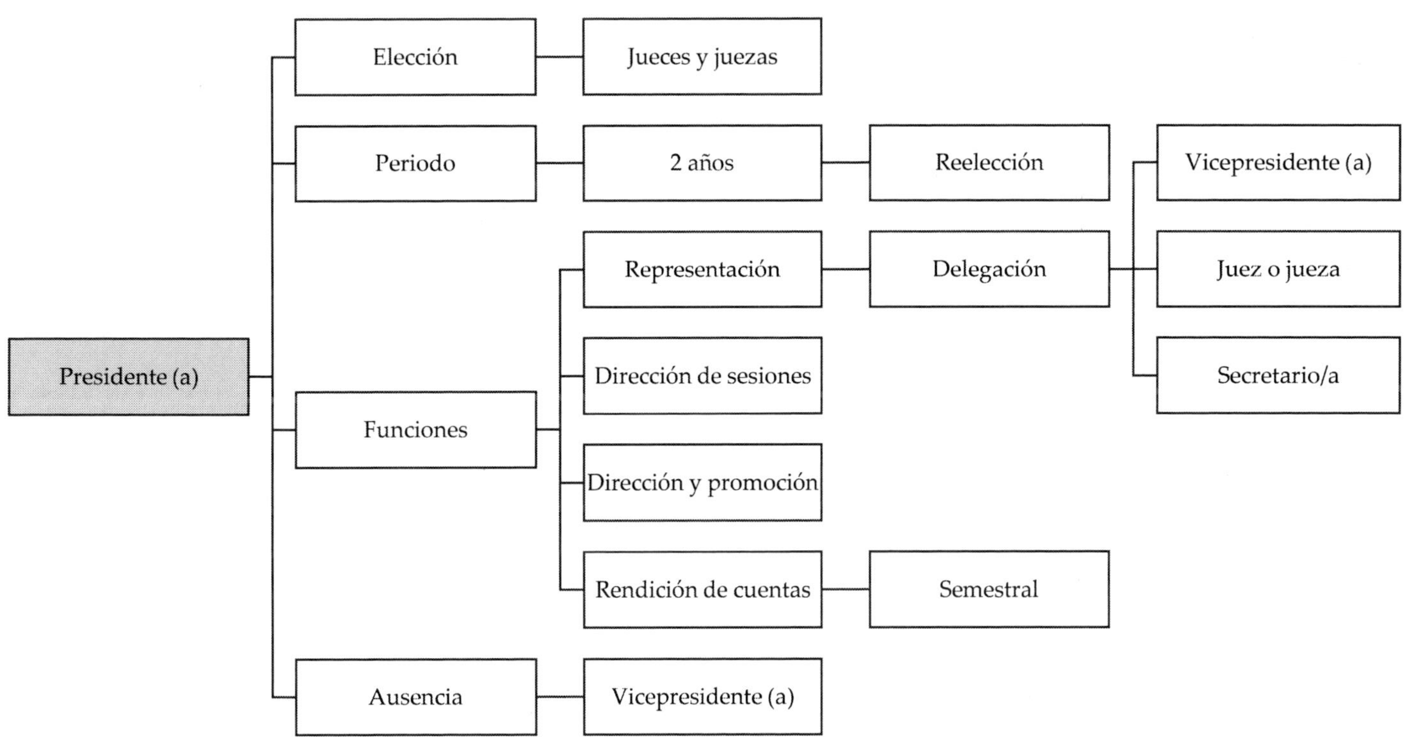

ESQUEMA 3.4. VICEPRESIDENCIA DE LA CORTE IDH

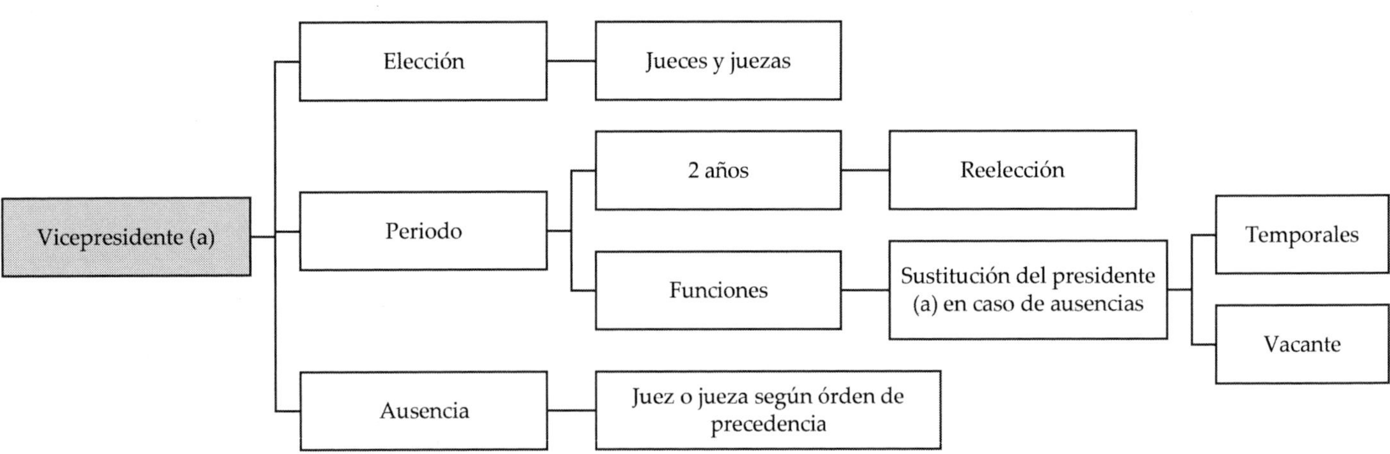

ESQUEMA 3.5. DERECHOS DE LOS JUECES Y JUEZAS DE LA CORTE IDH

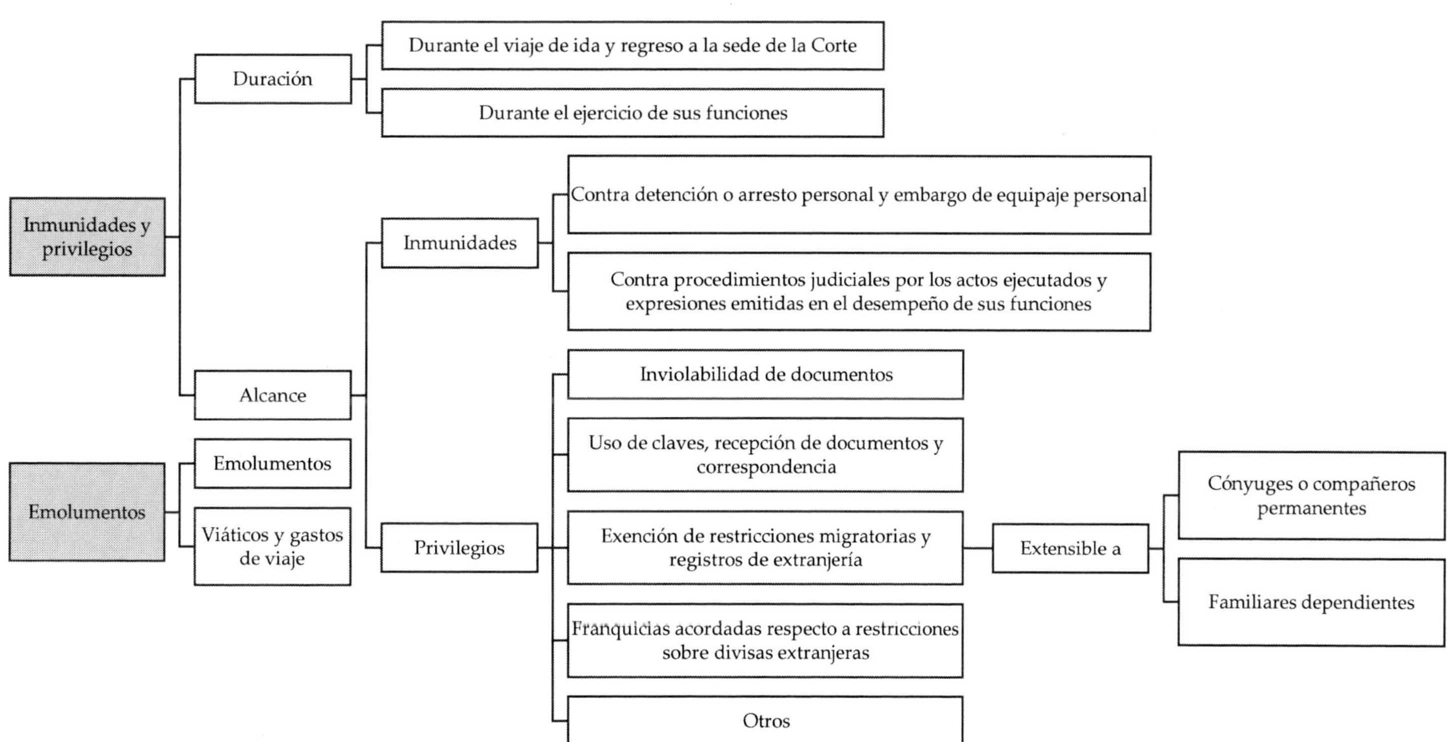

ESQUEMA 3.6. INCOMPATIBILIDADES DE LOS JUECES Y JUEZAS DE LA CORTE IDH

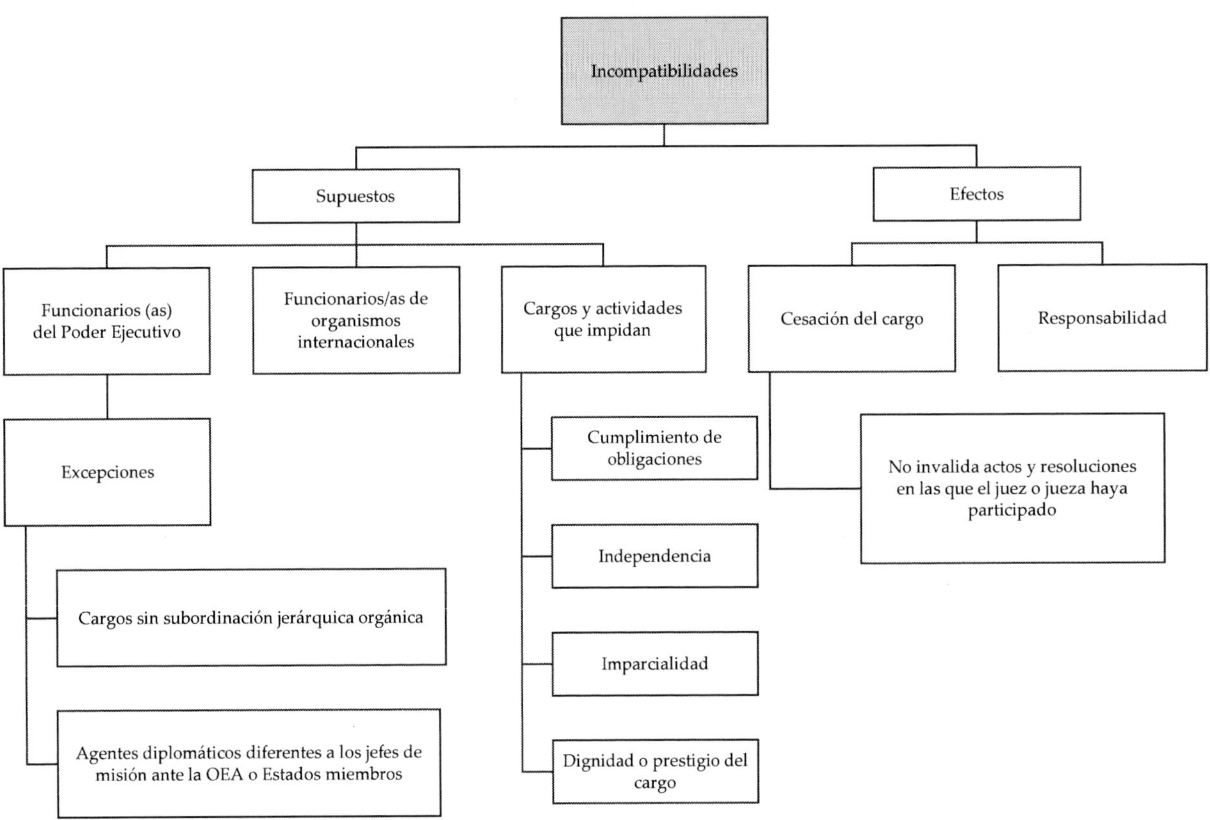

ESQUEMA 3.7. CAUSALES Y TRÁMITE DE LOS IMPEDIMENTOS DE LOS JUECES Y JUEZAS DE LA CORTE IDH

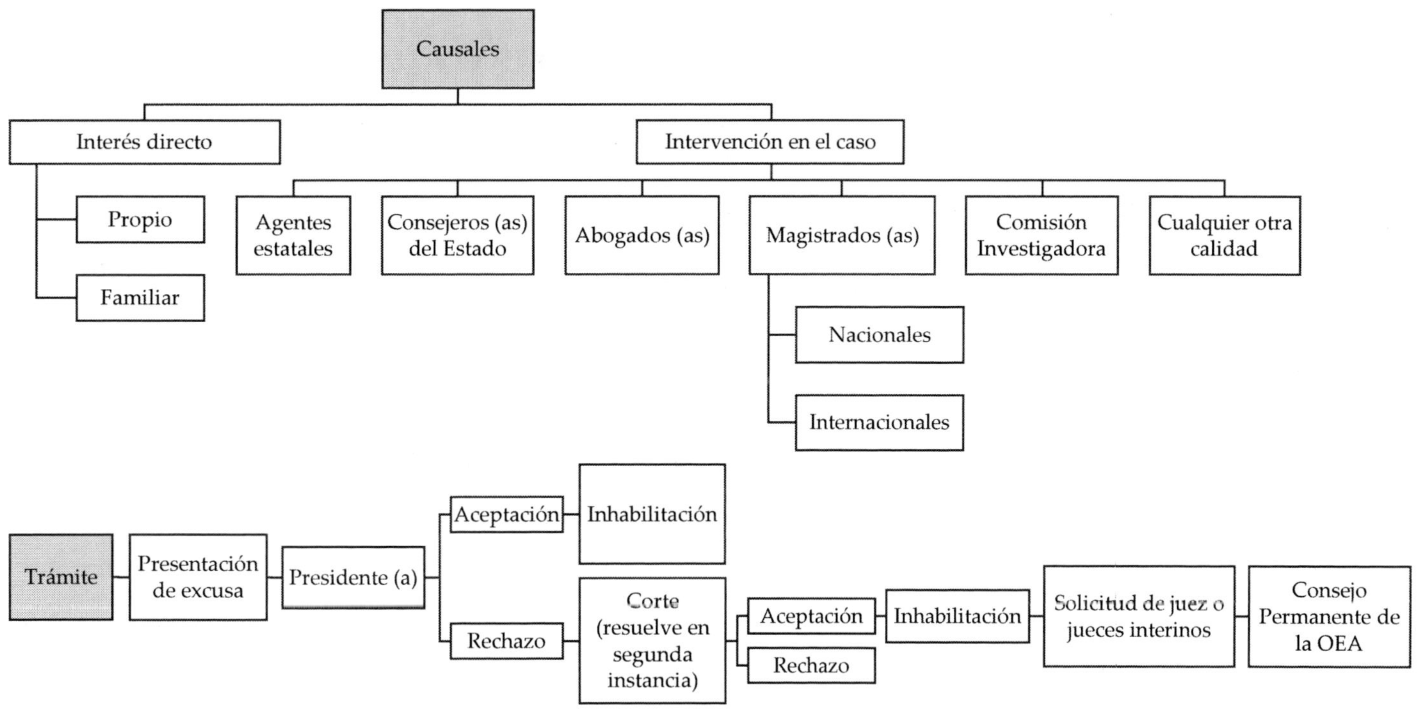

ESQUEMA 3.8. LA SECRETARÍA GENERAL DE LA CORTE IDH

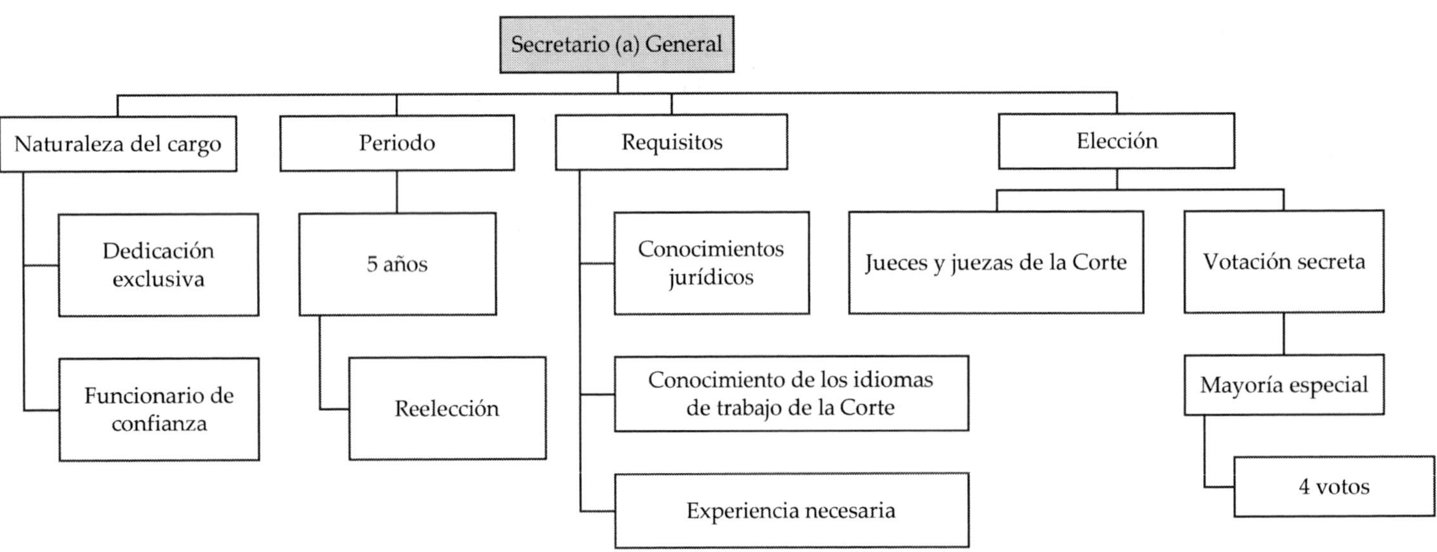

ESQUEMA 3.9. FUNCIONES DE LA SECRETARÍA GENERAL DE LA CORTE IDH

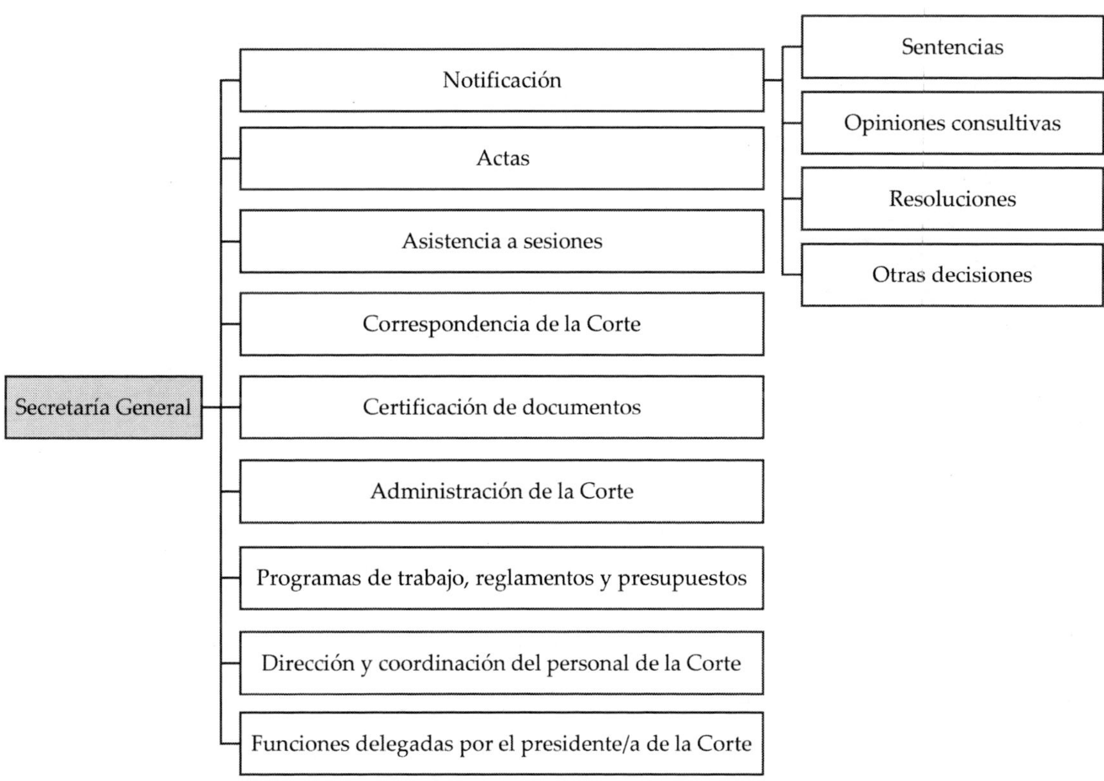

ESQUEMA 3.10. RÉGIMEN DE RESPONSABILIDAD DE LOS JUECES, JUEZAS Y SECRETARIO (A) DE LA CORTE IDH

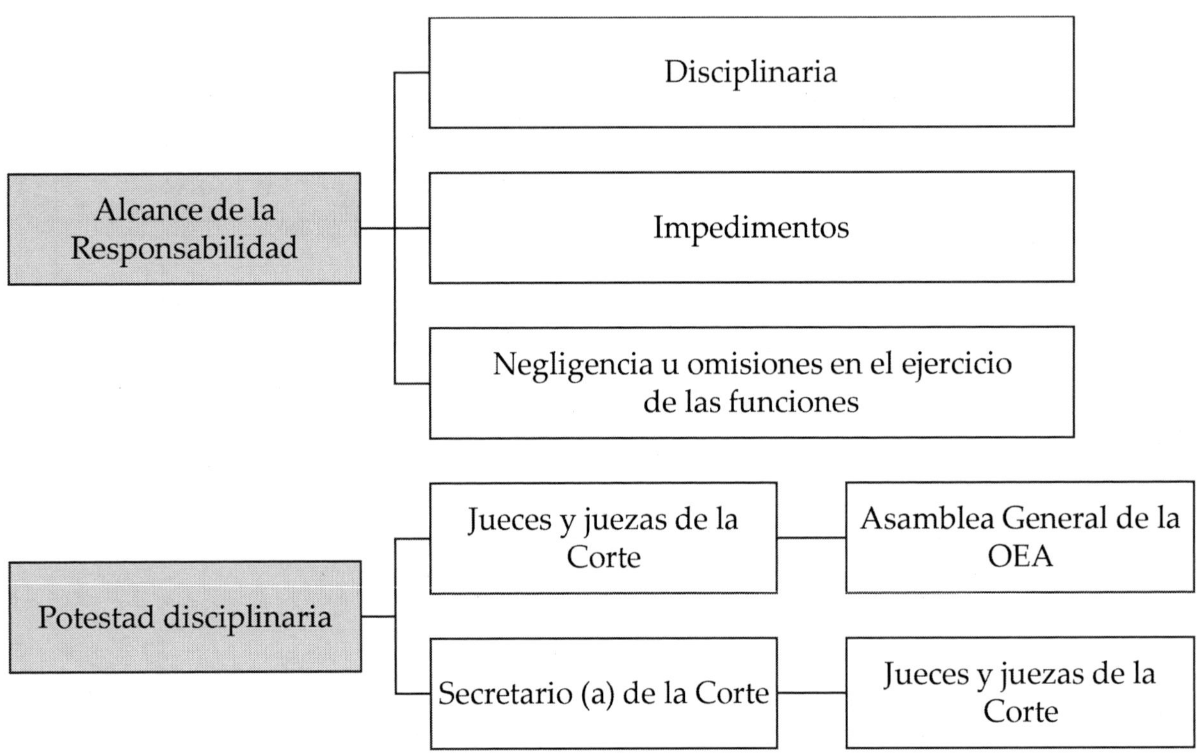

CAPÍTULO 4
REGLAS PROCESALES TRANSVERSALES PARA TODOS LOS PROCEDIMIENTOS ANTE LA CORTE INTERAMERICANA

ESQUEMA 4.1. NORMAS QUE RIGEN LOS TRÁMITES ANTE LA CORTE IDH

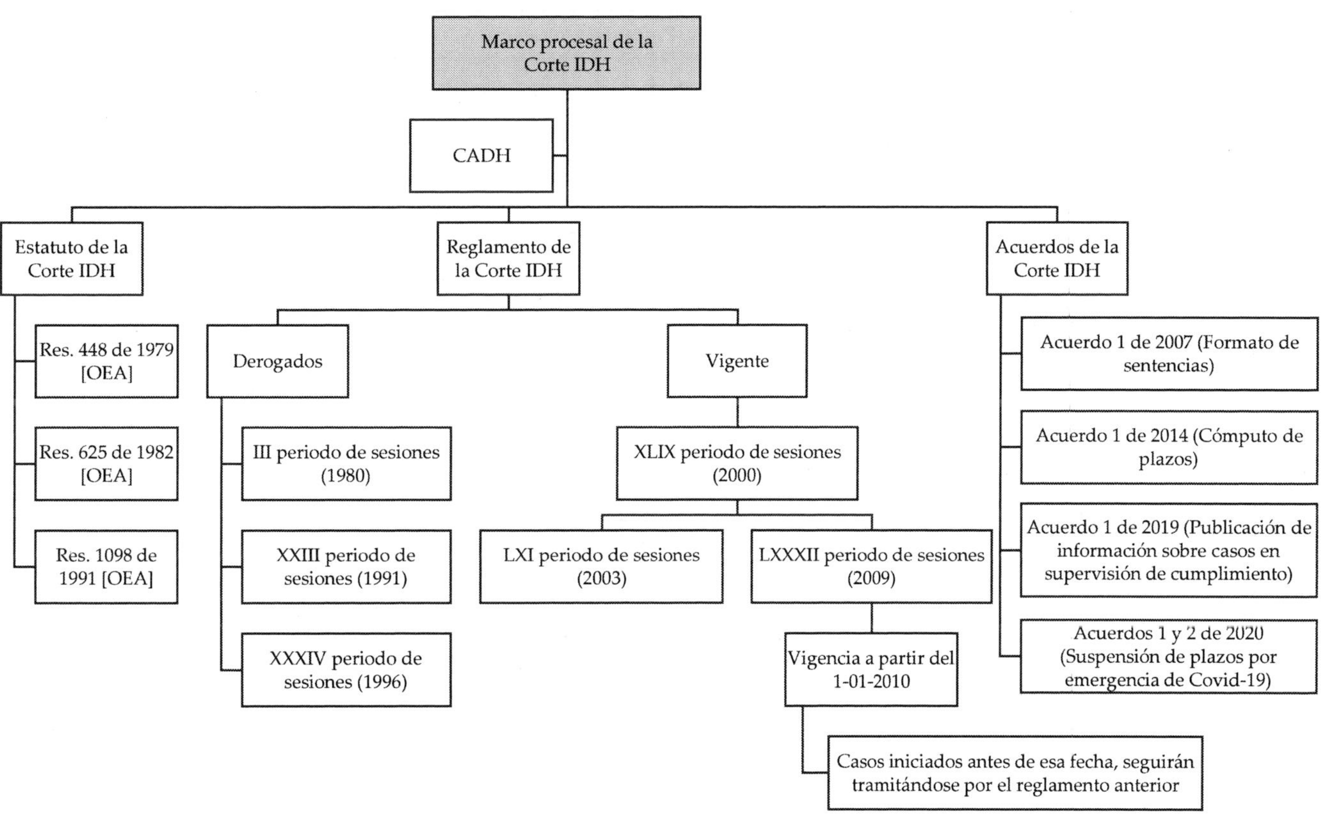

ESQUEMA 4.2. PRESENTACIÓN DE ESCRITOS A LA CORTE IDH

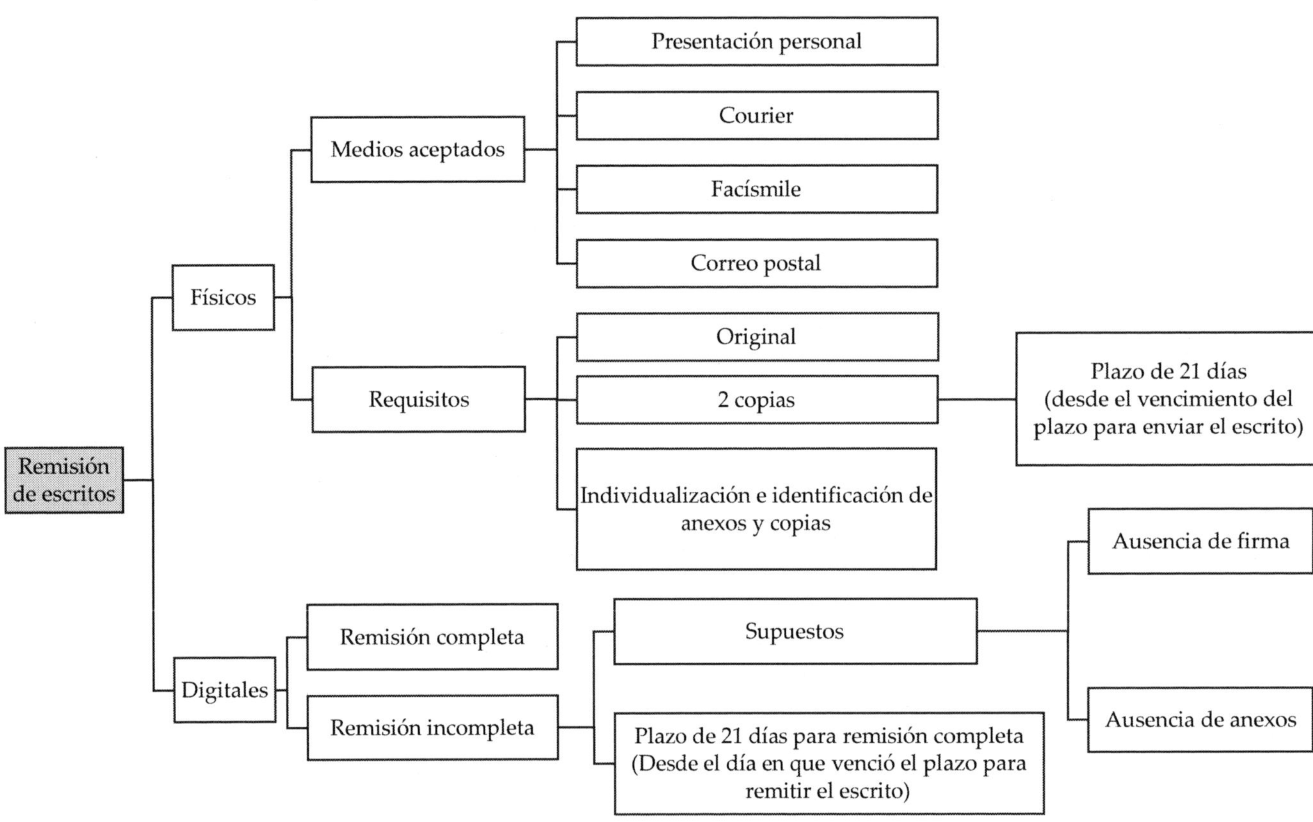

ESQUEMA 4.3. ACUMULACIÓN DE ACTUACIONES ANTE LA CORTE IDH

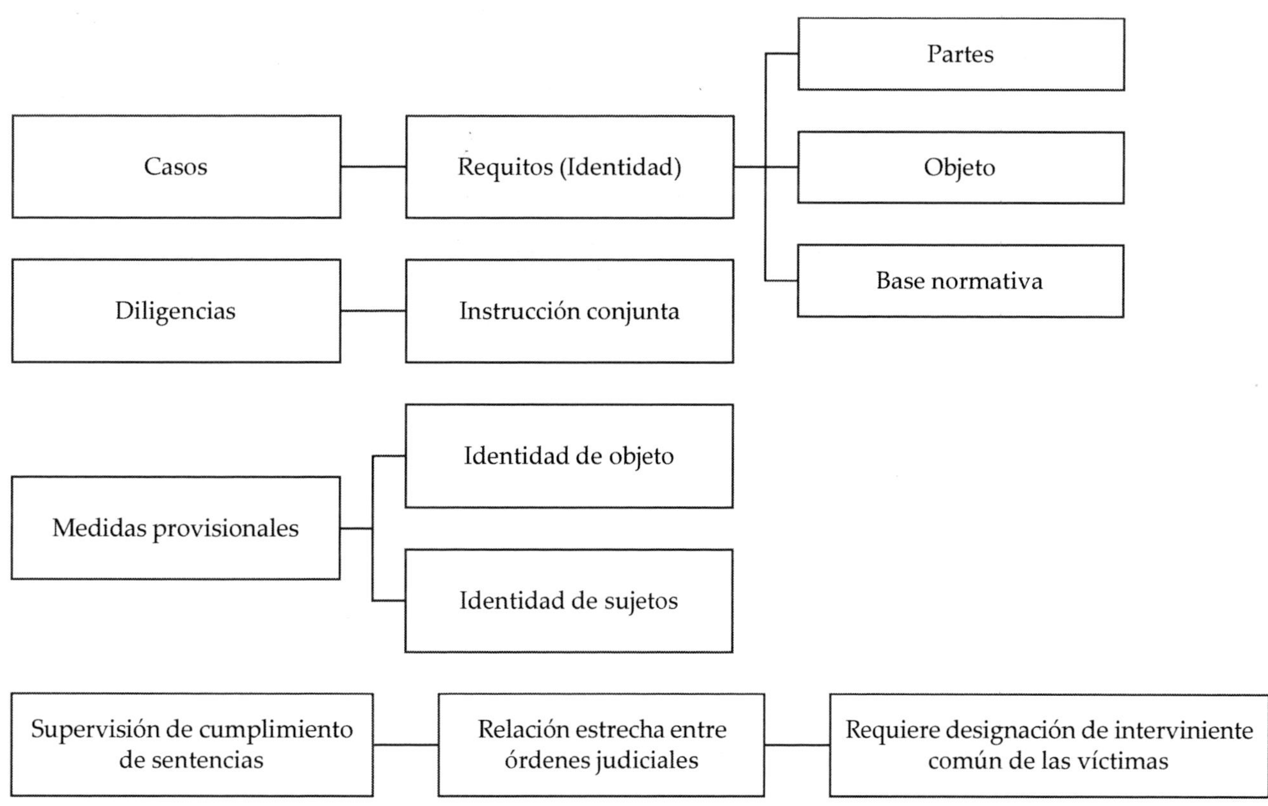

ESQUEMA 4.4. LOS AMICUS CURIAE ANTE LA CORTE IDH

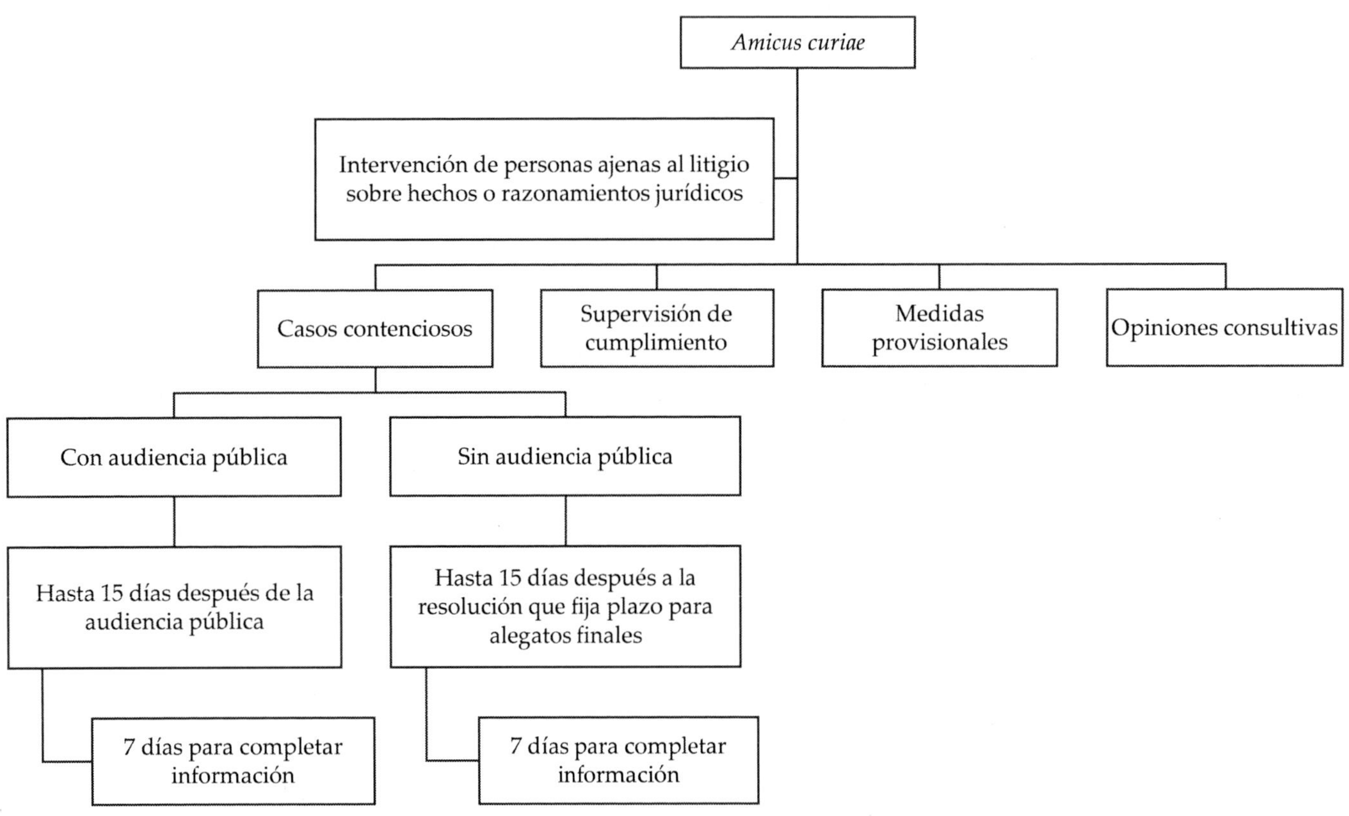

ESQUEMA 4.5. LAS AUDIENCIAS DE LA CORTE IDH

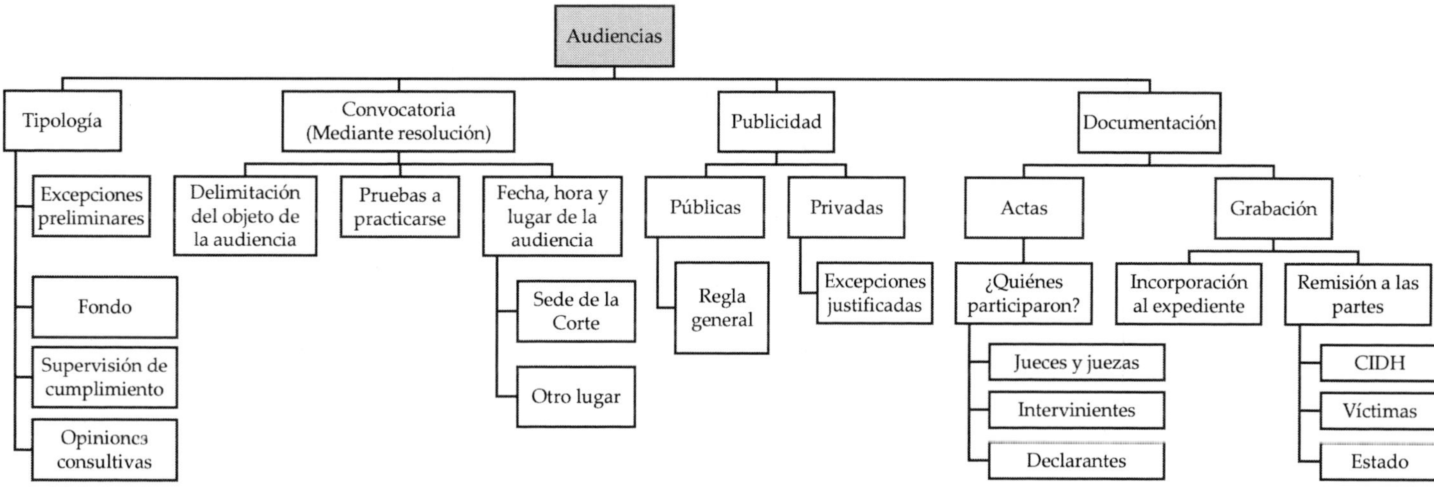

ESQUEMA 4.6. DELIBERACIÓN Y VOTACIÓN DE LAS DECISIONES DE LA CORTE IDH

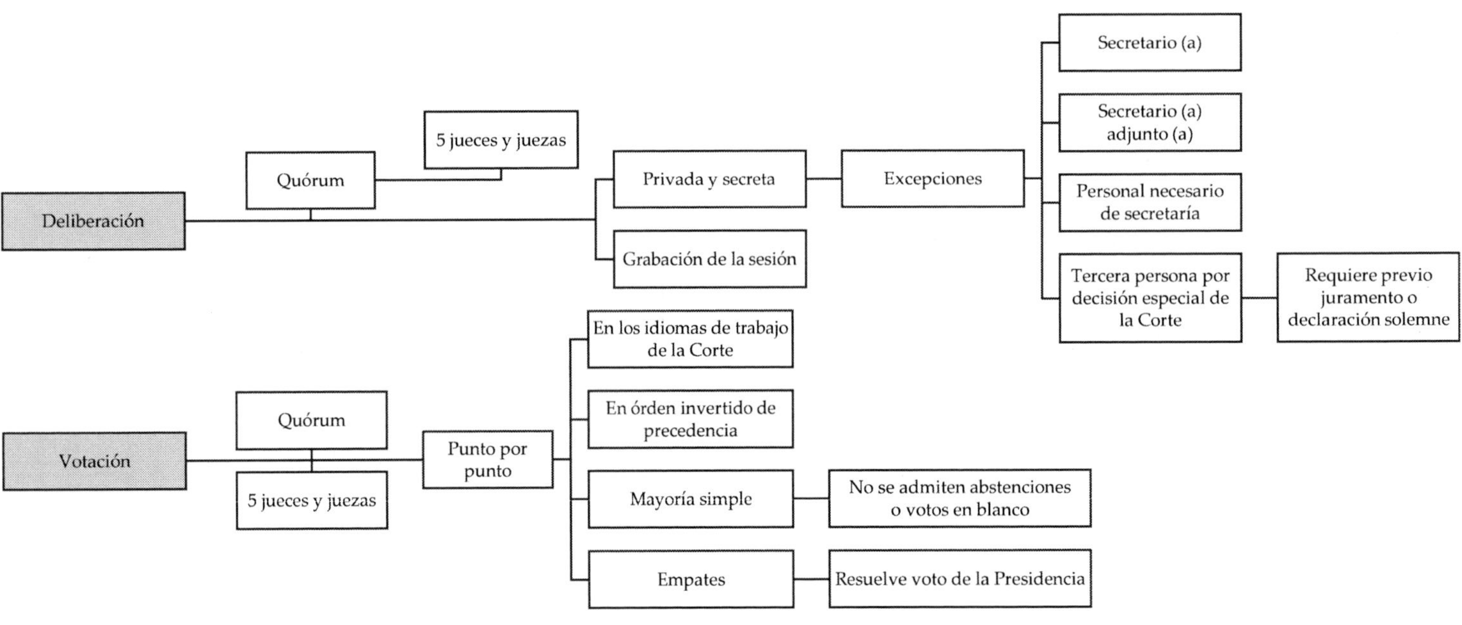

ESQUEMA 4.7. IMPEDIMENTOS, EXCUSAS E INHABILITACIÓN DE JUECES Y JUEZAS

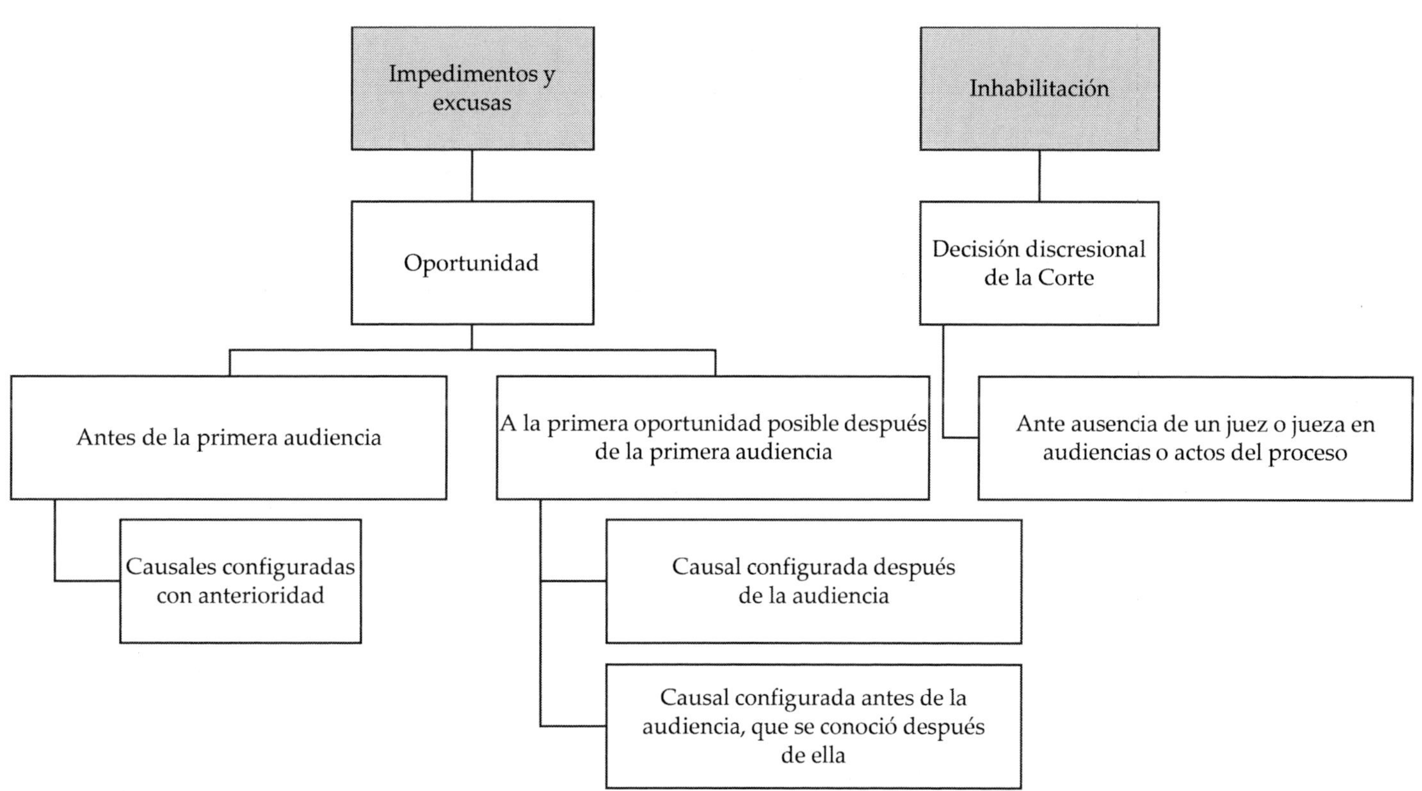

ESQUEMA 4.8. TIPOS DE PROVIDENCIAS QUE PROFIERE LA CORTE IDH

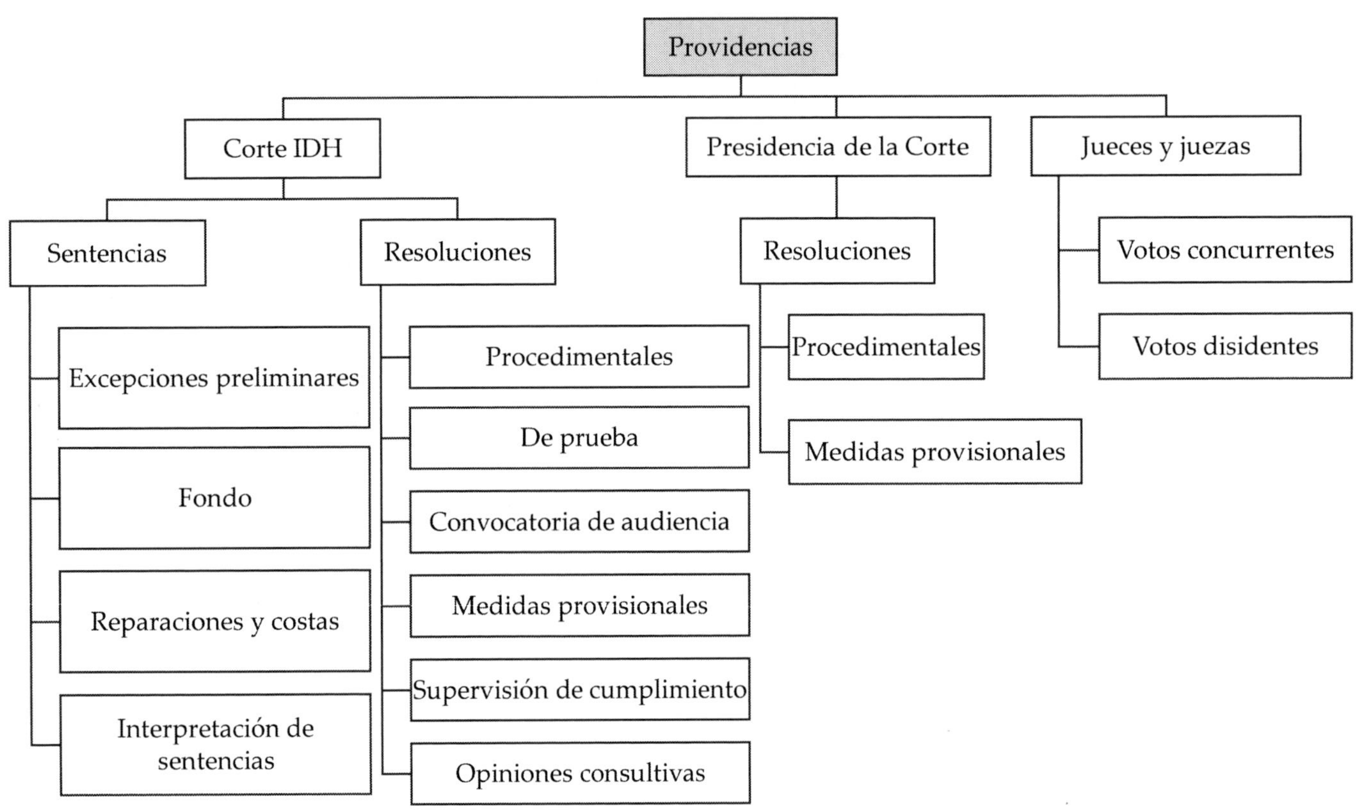

ESQUEMA 4.9. COMUNICACIÓN DE LAS DECISIONES DE LA CORTE IDH

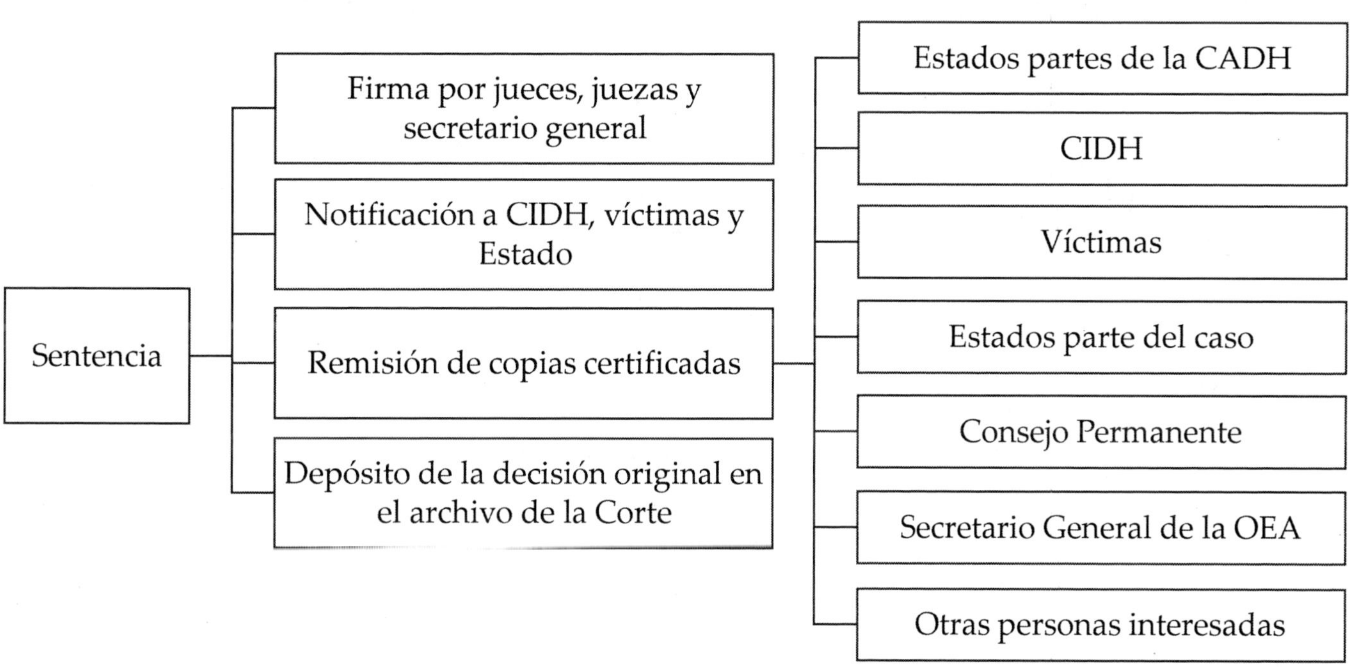

ESQUEMA 4.10. RECTIFICACIÓN DE ERRORES EN LAS DECISIONES DE LA CORTE IDH

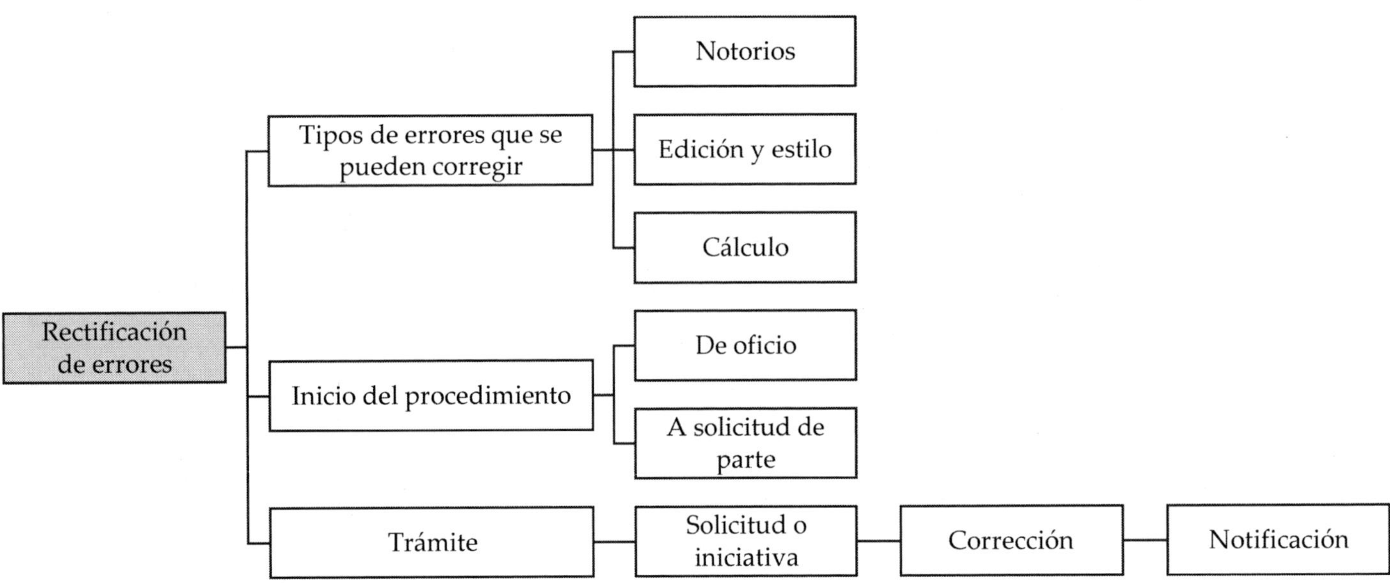

CAPÍTULO 5
RÉGIMEN PROBATORIO ANTE LA CORTE INTERAMERICANA

ESQUEMA 5.1. REGLAS GENERALES SOBRE LAS PRUEBAS EN EL PROCEDIMIENTO INTERAMERICANO

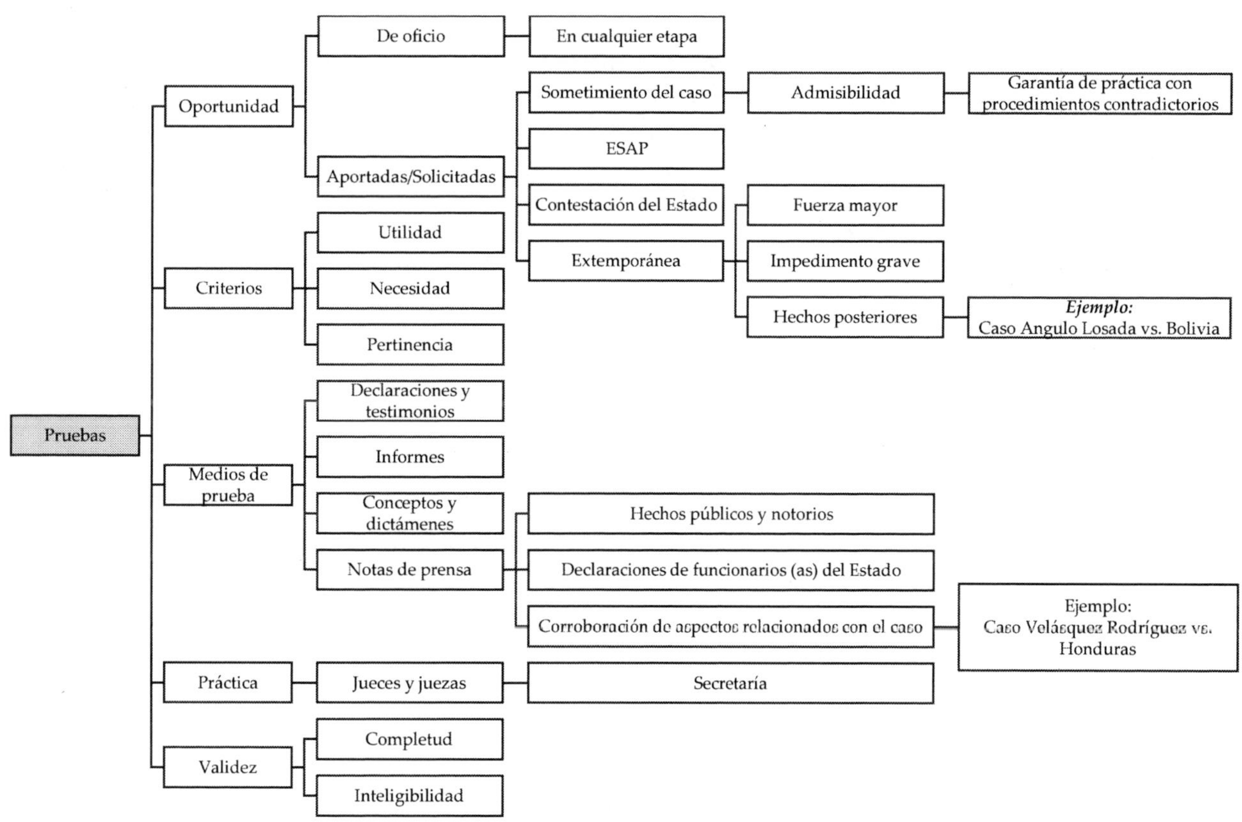

ESQUEMA 5.2. ALCANCE DE LAS PRUEBAS DE OFICIO ORDENADAS POR LA CORTE IDH

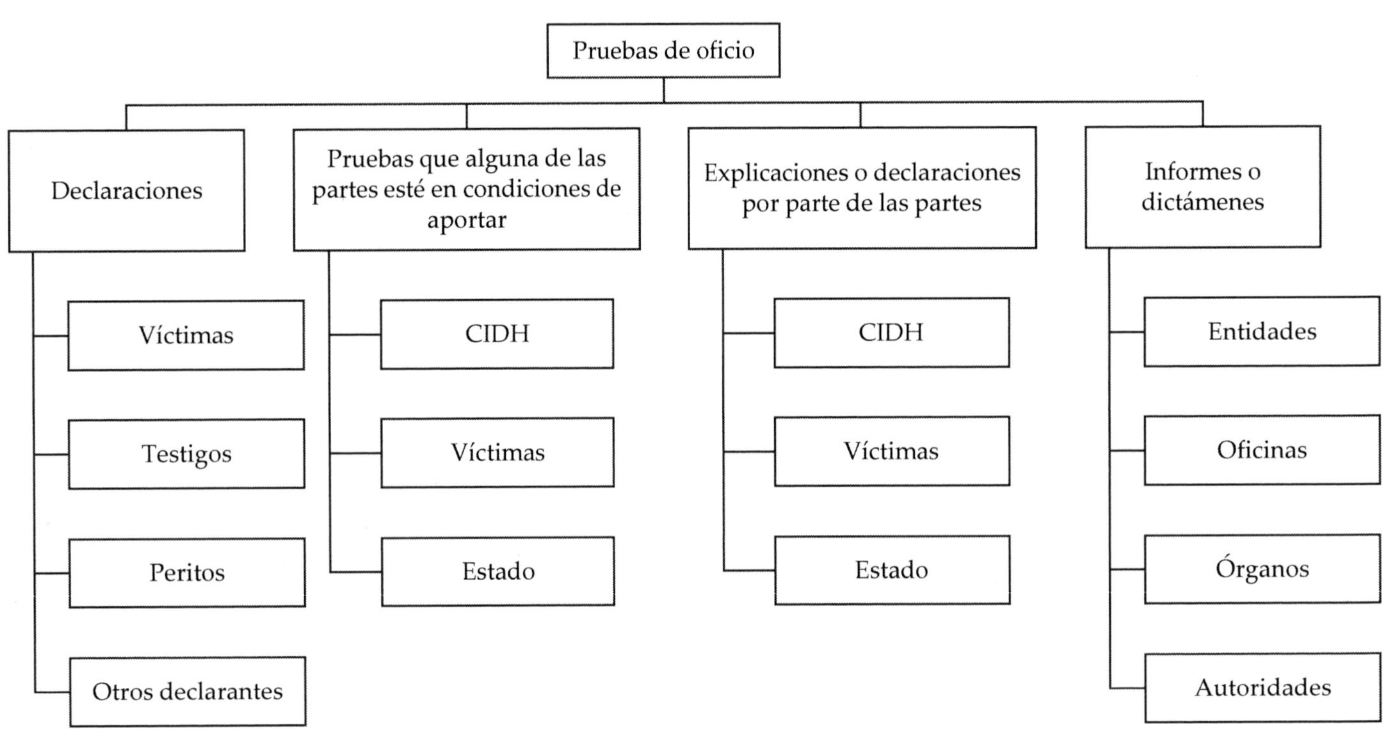

ESQUEMA 5.3. ADMISIBILIDAD DE LAS PRUEBAS DOCUMENTALES Y ESCRITAS

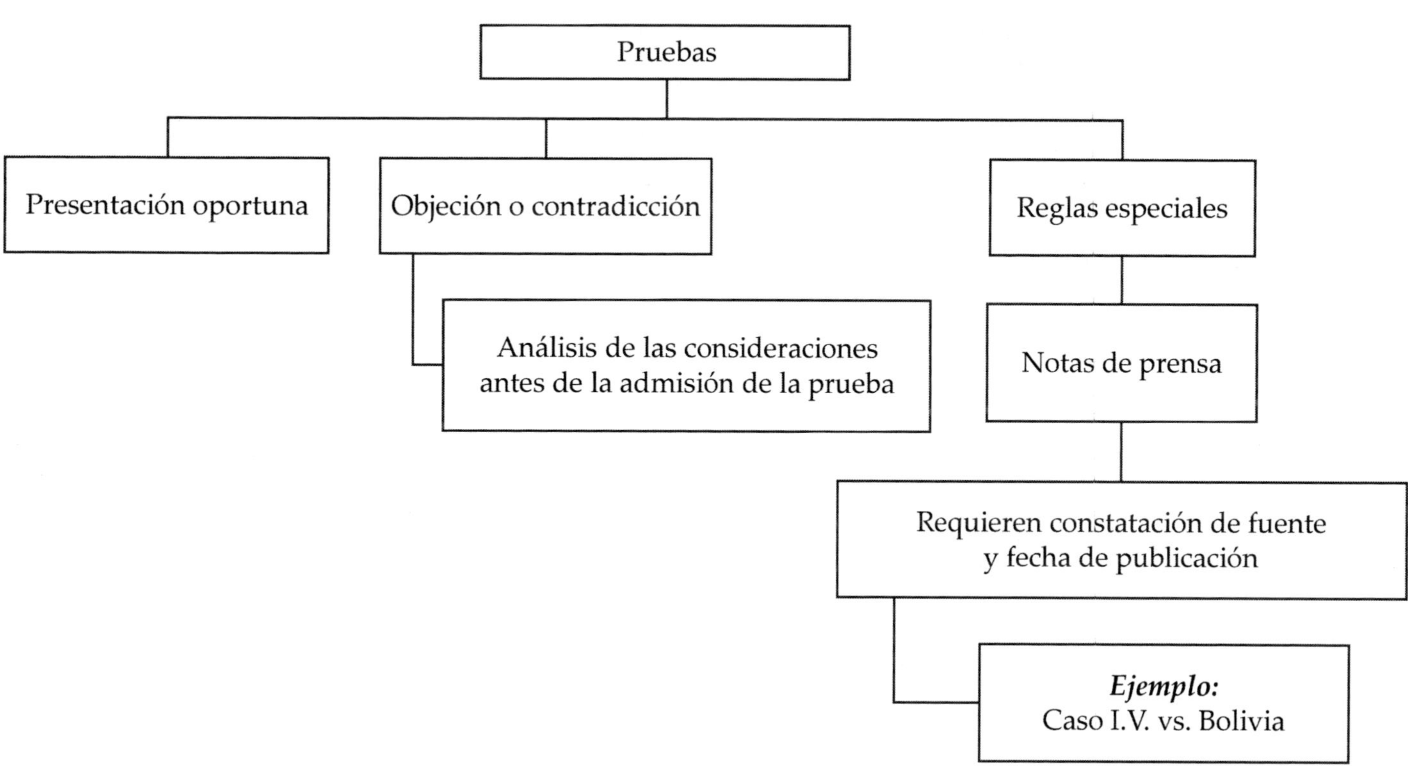

ESQUEMA 5.4. TRÁMITE DE DECLARACIONES DE TESTIGOS Y PERITOS ANTE LA CORTE IDH

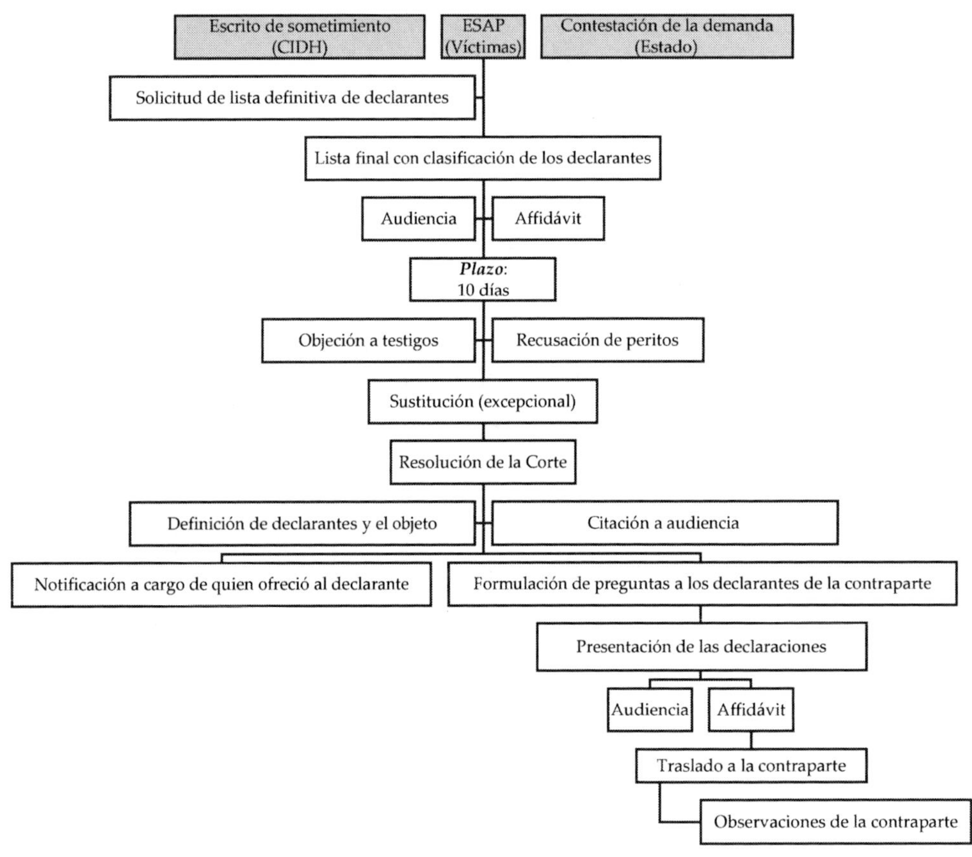

ESQUEMA 5.5. CAUSALES PARA LA RECUSACIÓN DE PERITOS

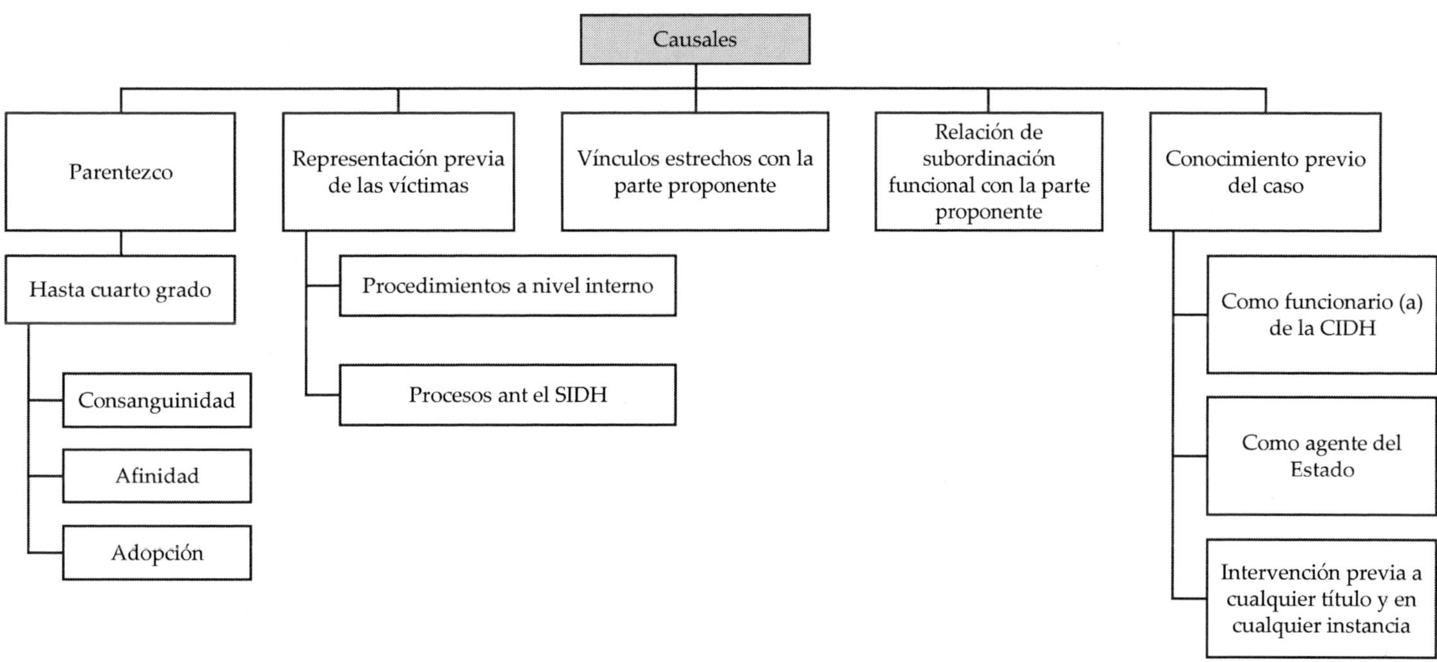

ESQUEMA 5.6. TRÁMITE DE LA RECUSACIÓN DE PERITOS

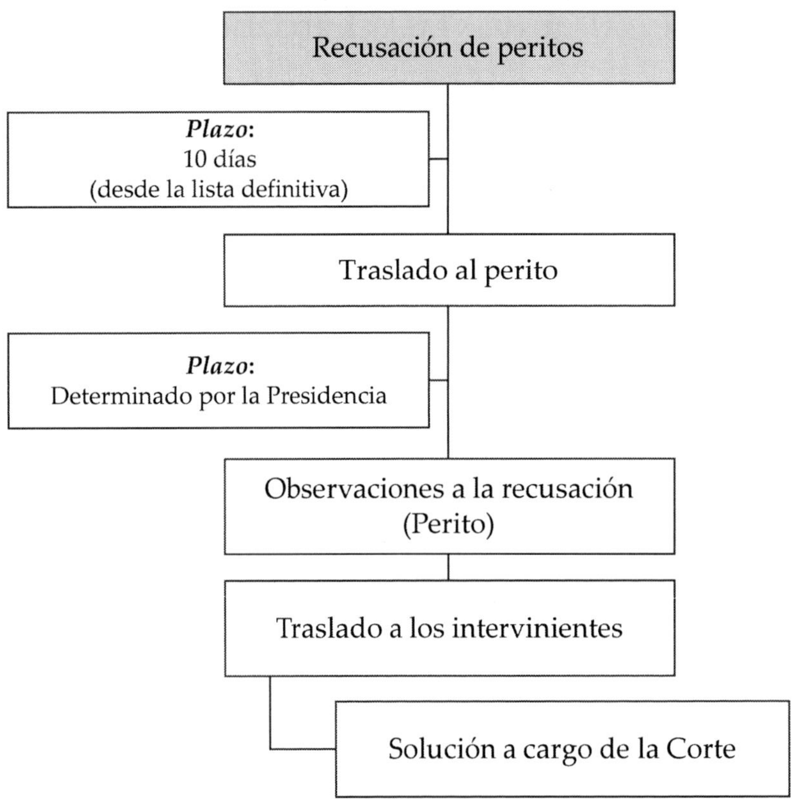

ESQUEMA 5.7. REGLAS SOBRE LOS DECLARANTES (TESTIGOS Y PERITOS)

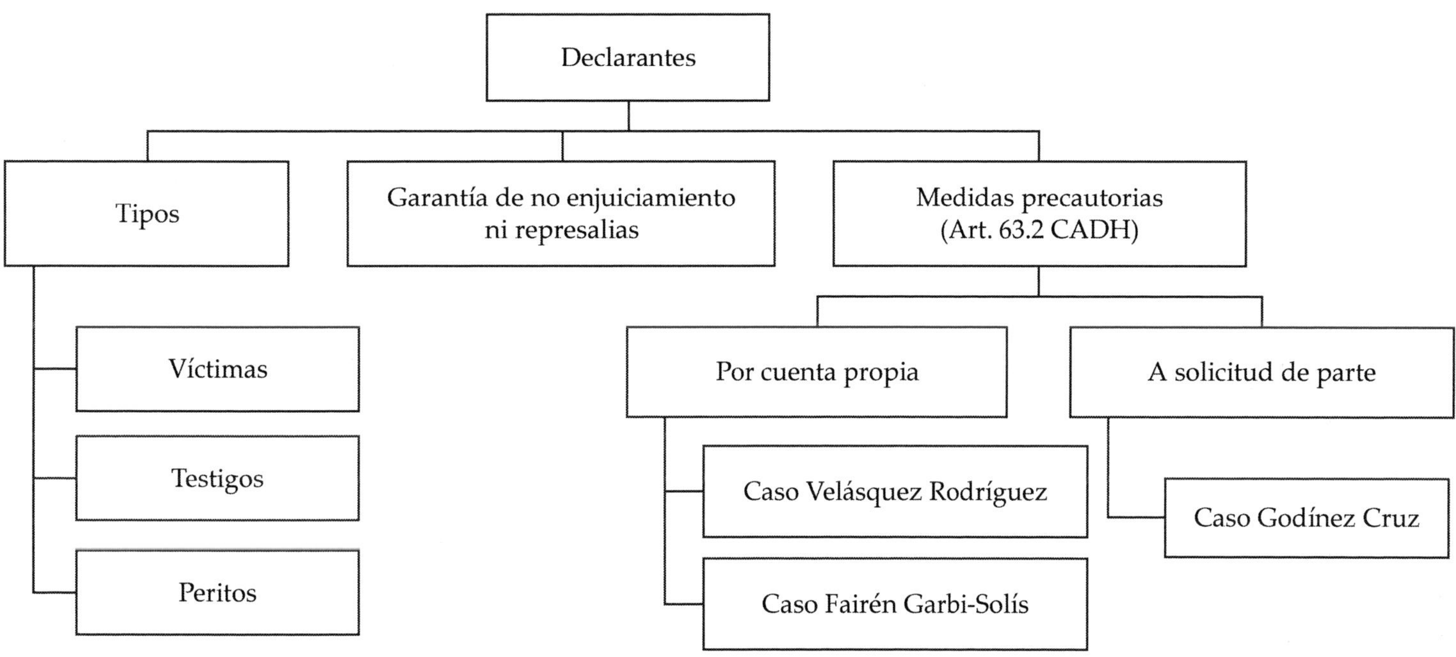

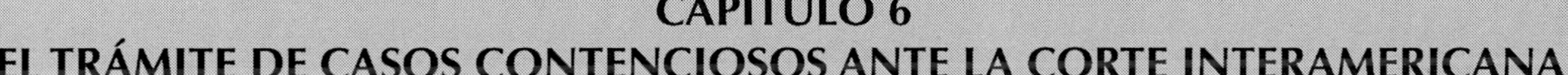

CAPÍTULO 6
EL TRÁMITE DE CASOS CONTENCIOSOS ANTE LA CORTE INTERAMERICANA

ESQUEMA 6.1. INTERVINIENTES EN UN CASO CONTENCIOSO ANTE LA CORTE IDH

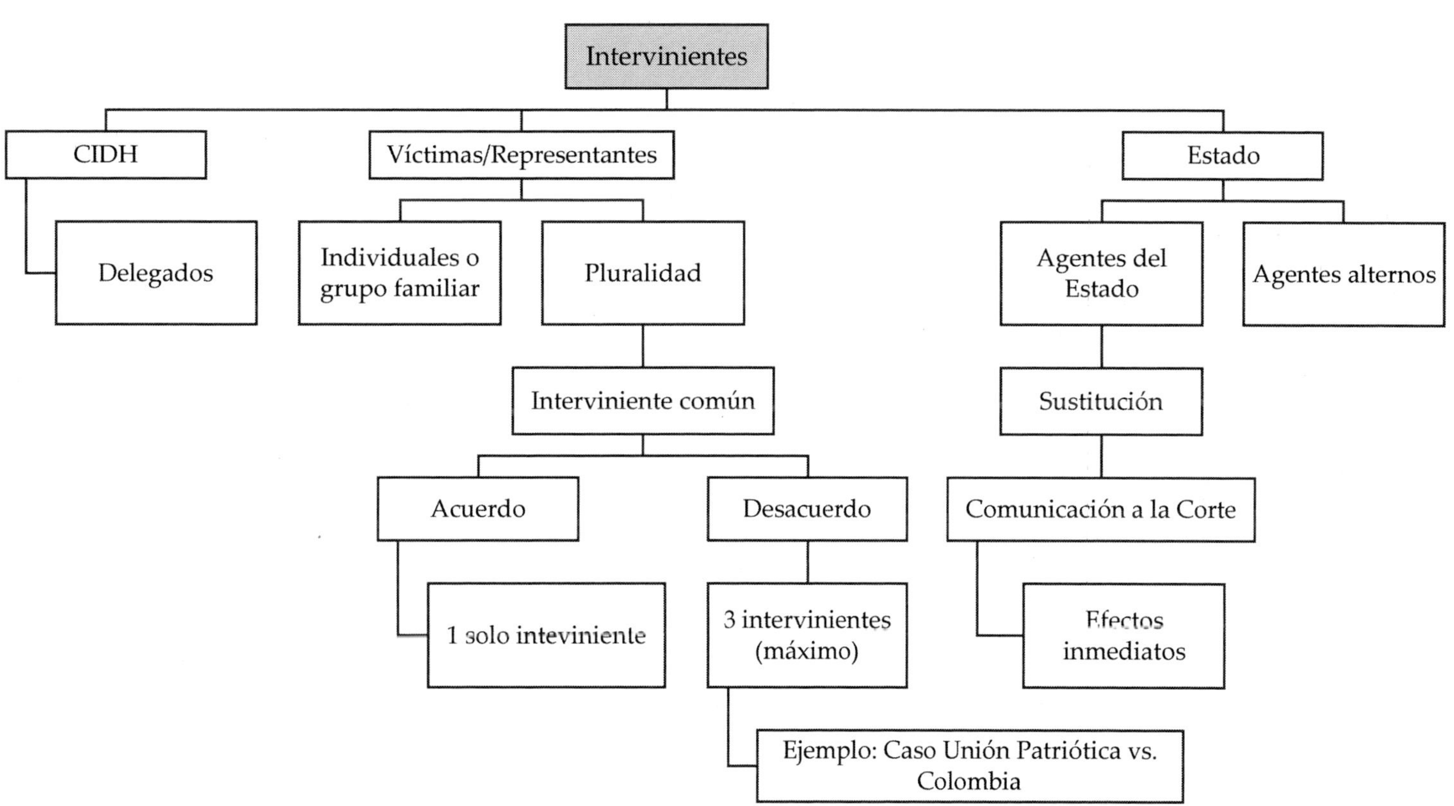

ESQUEMA 6.2. ETAPAS (GENERALES) DEL TRÁMITE DE UN CASO CONTENCIOSO ANTE LA CORTE IDH

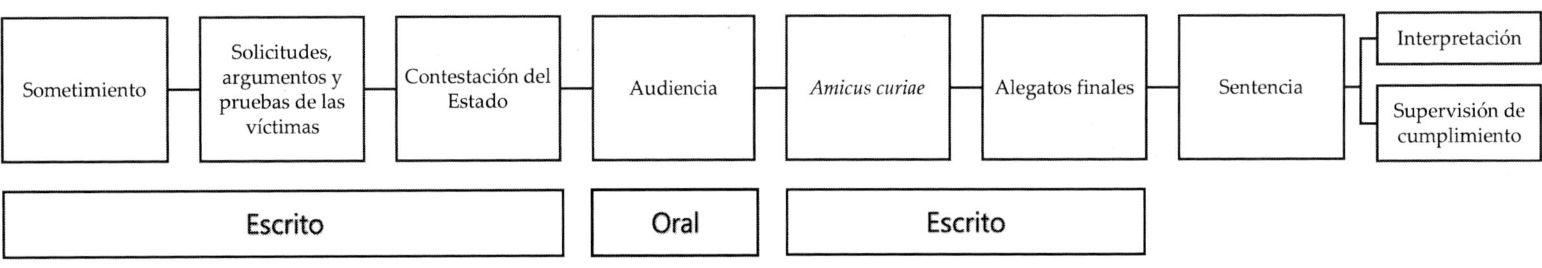

ESQUEMA 6.3. SOMETIMIENTO DE CASOS ANTE LA CORTE IDH

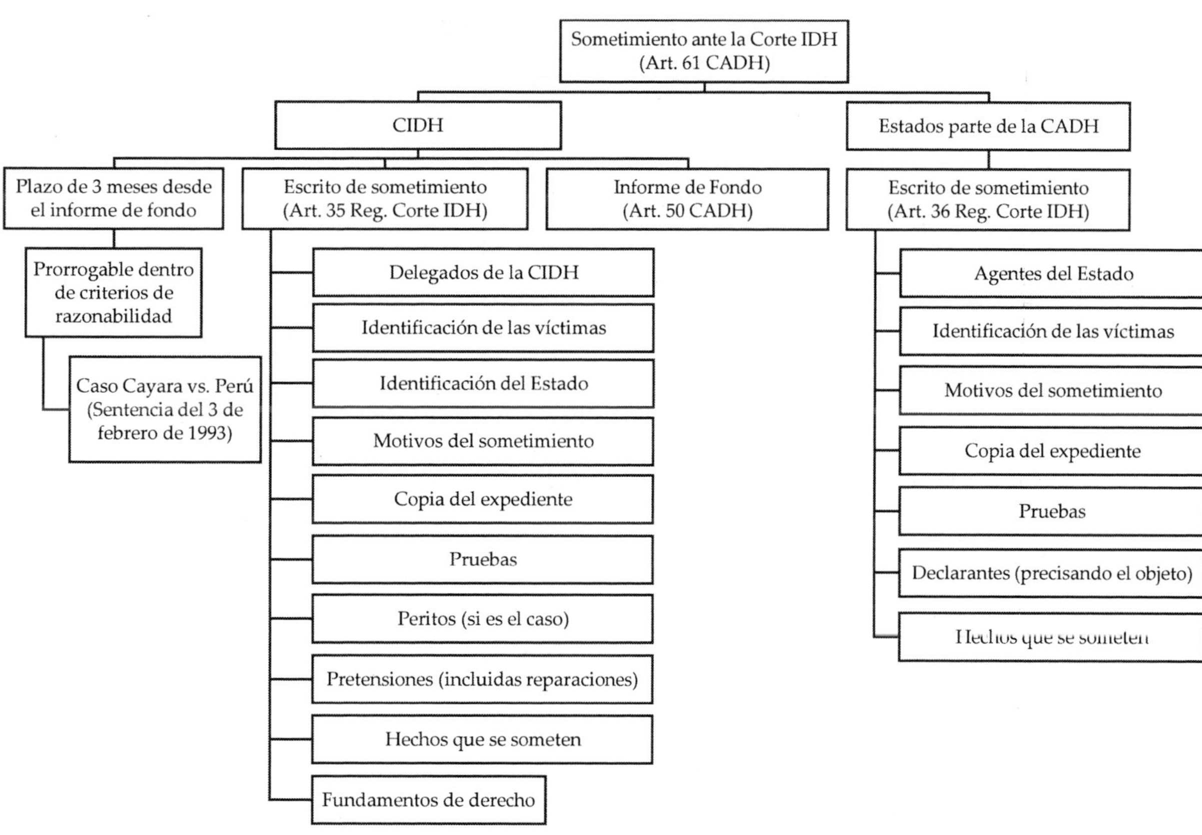

ESQUEMA 6.4. IDENTIFICACIÓN Y REPRESENTACIÓN DE LAS VÍCTIMAS ANTE LA CORTE CORTE IDH

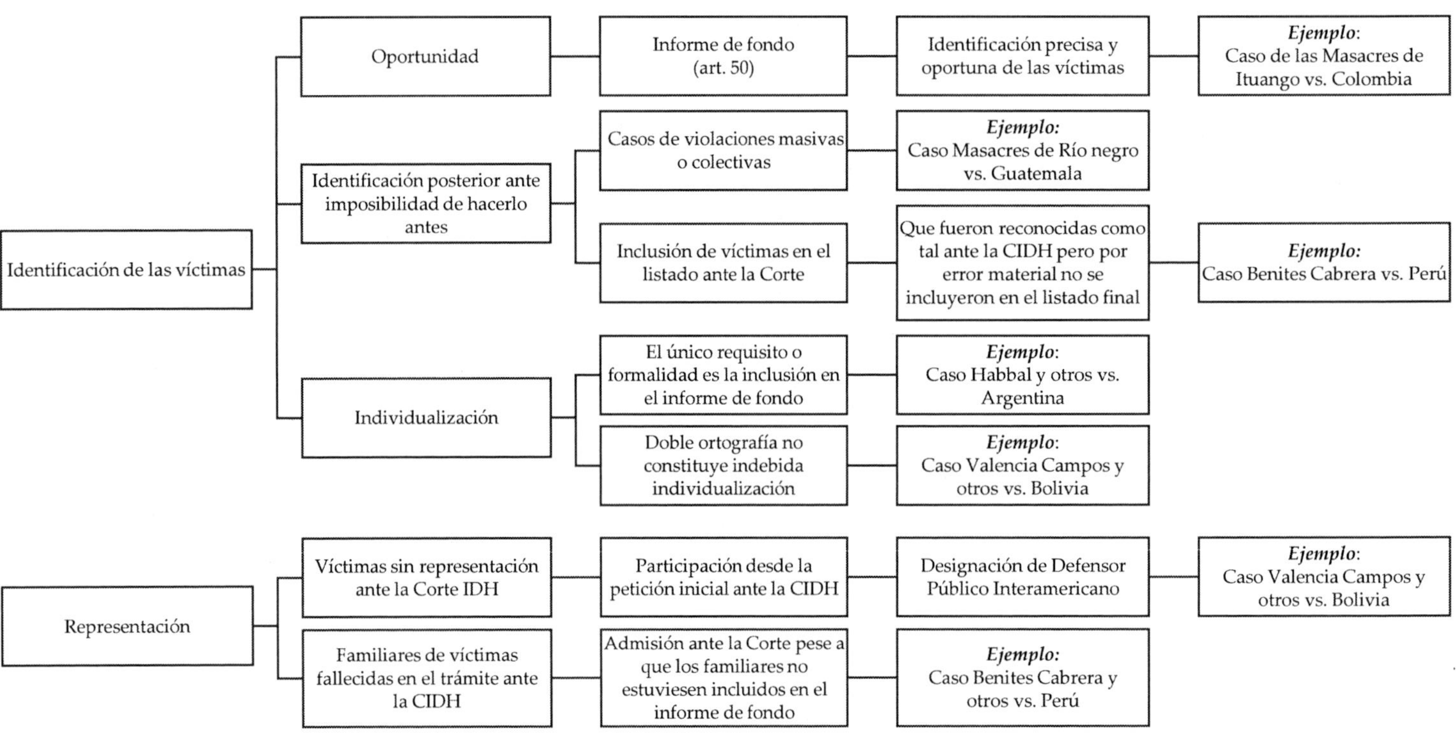

ESQUEMA 6.5. TRAMITE INICIAL ANTE EL SOMETIMIENTO DEL CASO ANTE LA CORTE IDH (ETAPA DE ADMISIBILIDAD)

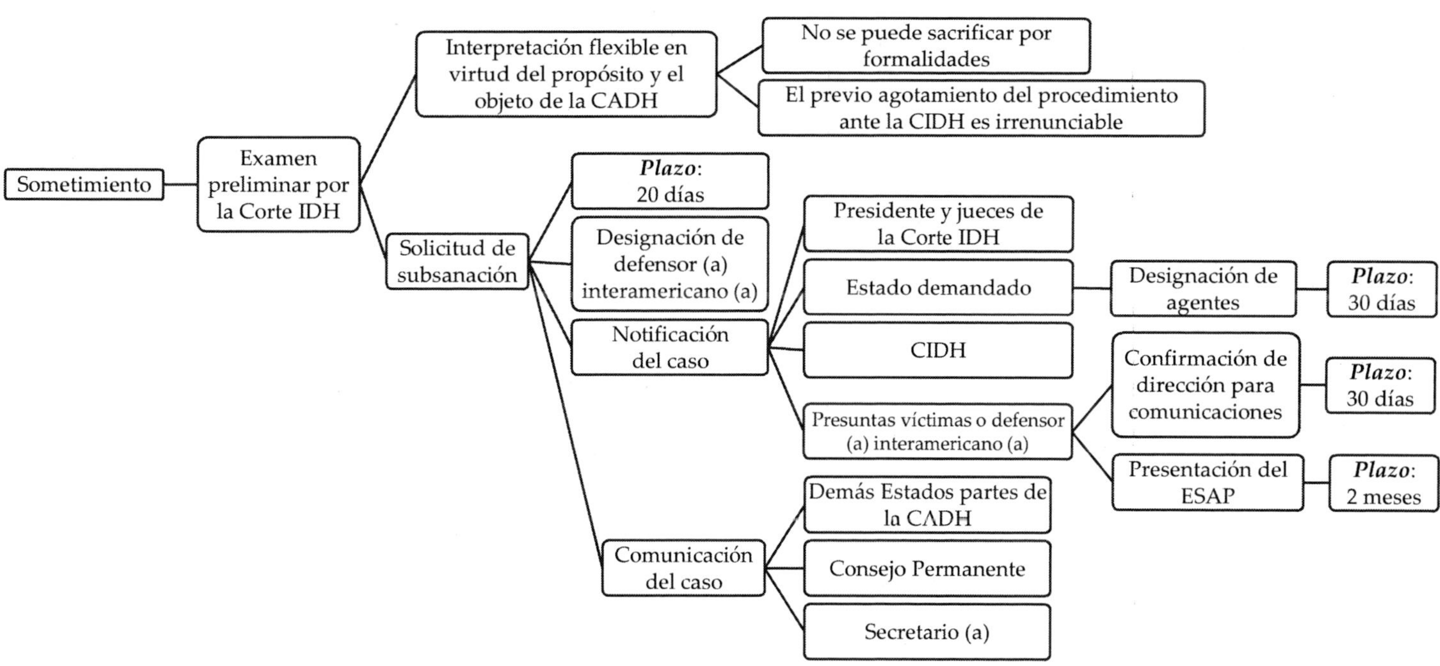

ESQUEMA 6.6. CONTENIDO DE LOS ESCRITOS DE SOLICITUDES, ARGUMENTOS Y PRUEBAS DE LAS PRESUNTAS VÍCTIMAS

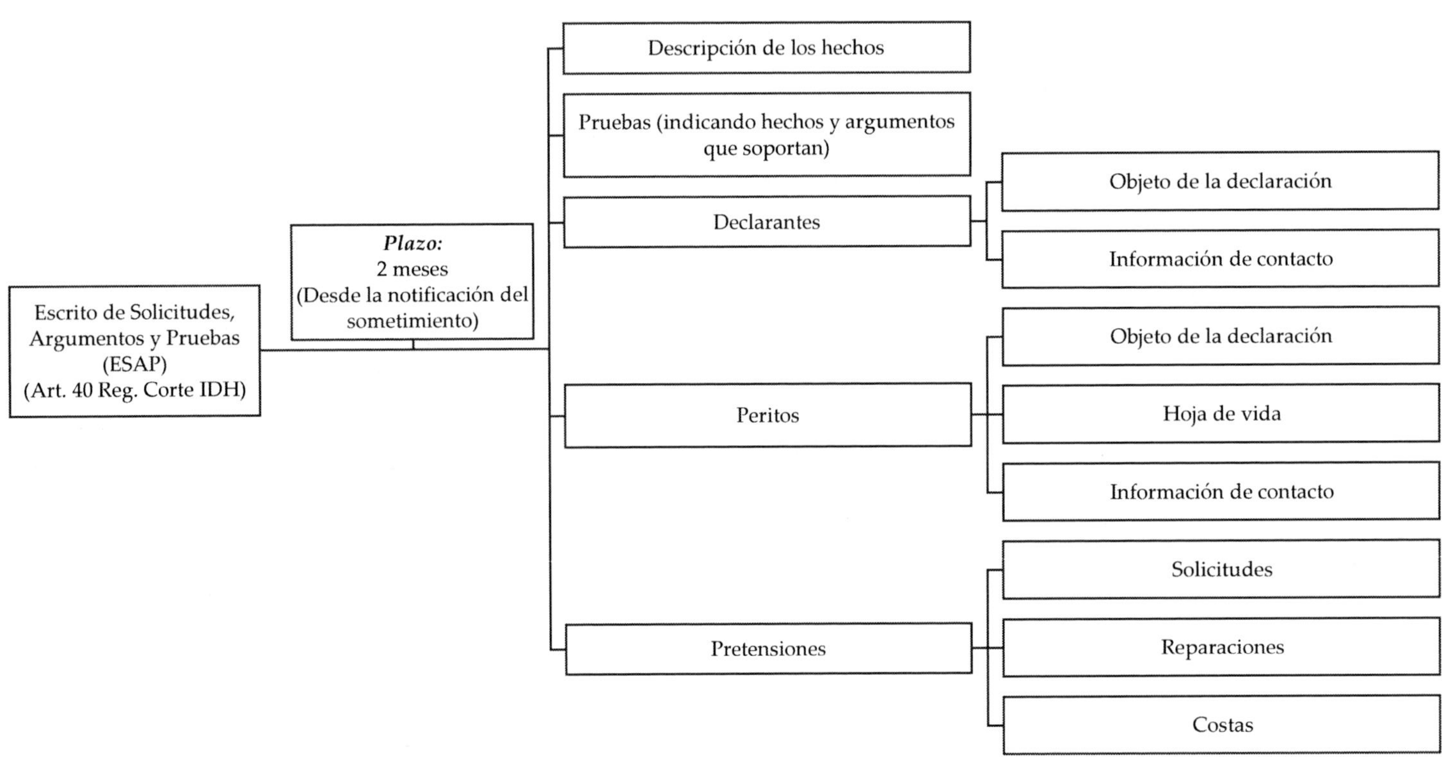

ESQUEMA 6.7. CONTENIDO DE LA CONTESTACIÓN DEL ESTADO

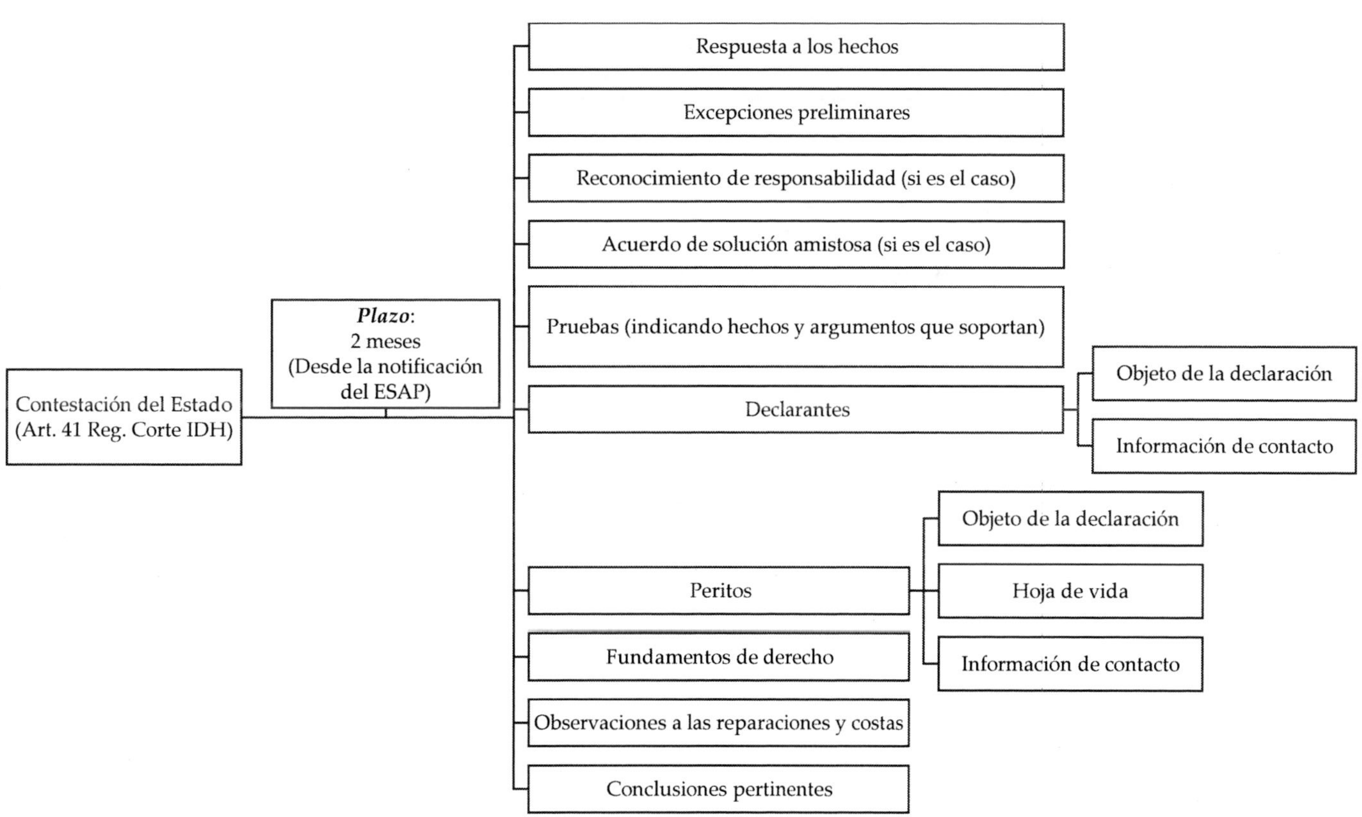

ESQUEMA 6.8. CARACTERIZACIÓN DE LAS EXCEPCIONES PRELIMINARES DEL ESTADO

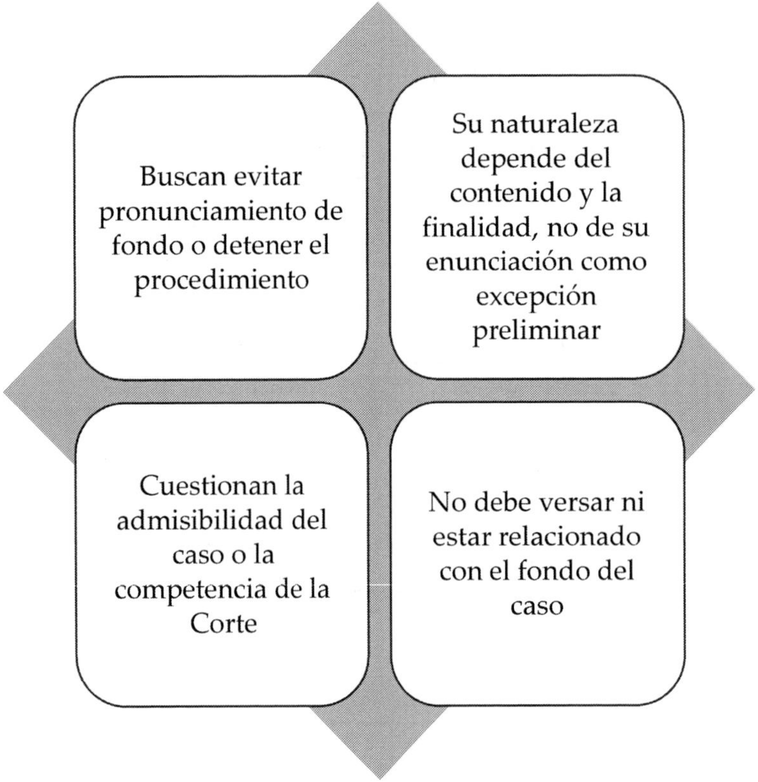

Buscan evitar pronunciamiento de fondo o detener el procedimiento

Su naturaleza depende del contenido y la finalidad, no de su enunciación como excepción preliminar

Cuestionan la admisibilidad del caso o la competencia de la Corte

No debe versar ni estar relacionado con el fondo del caso

ESQUEMA 6.9. CLASIFICACIÓN DE LAS EXCEPCIONES PRELIMINARES DEL ESTADO

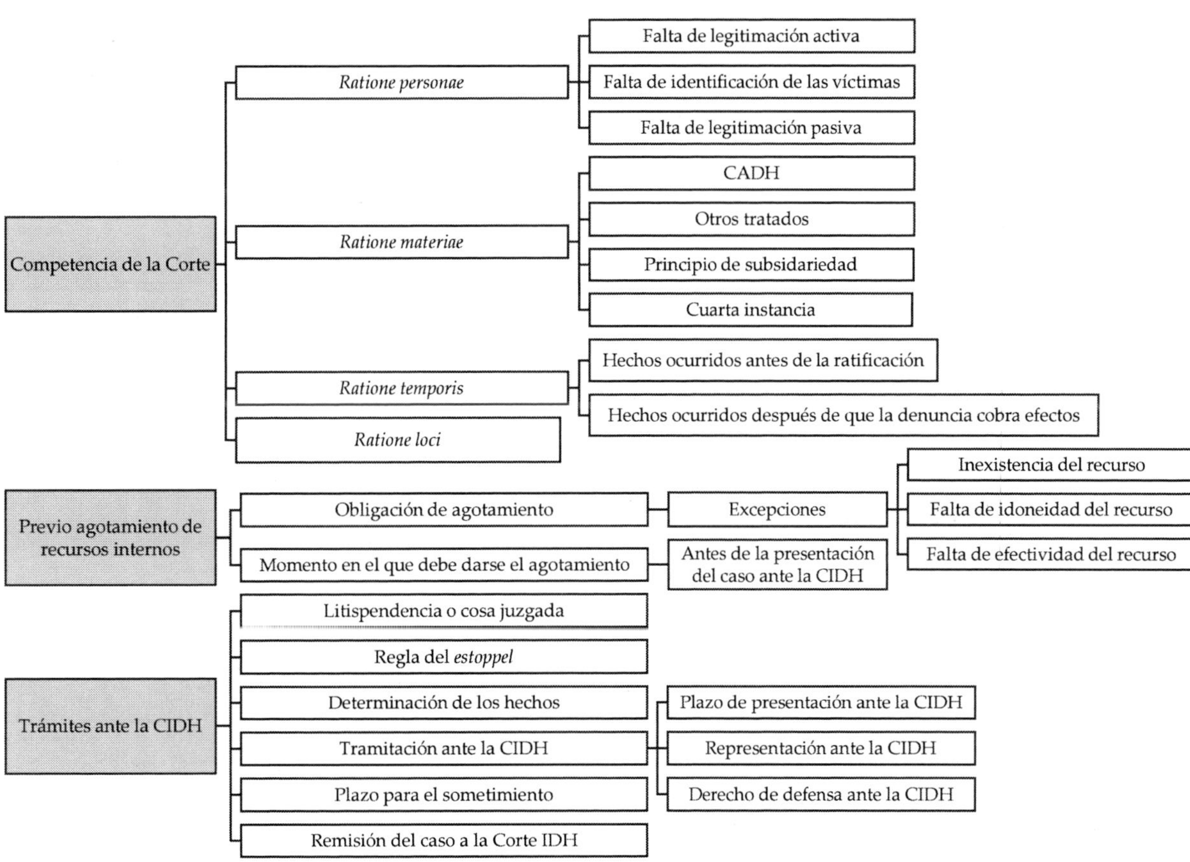

ESQUEMA 6.10. REGLAS SOBRE LAS EXCEPCIONES PRELIMINARES RELACIONADAS CON LA *RATIONE PERSONAE*

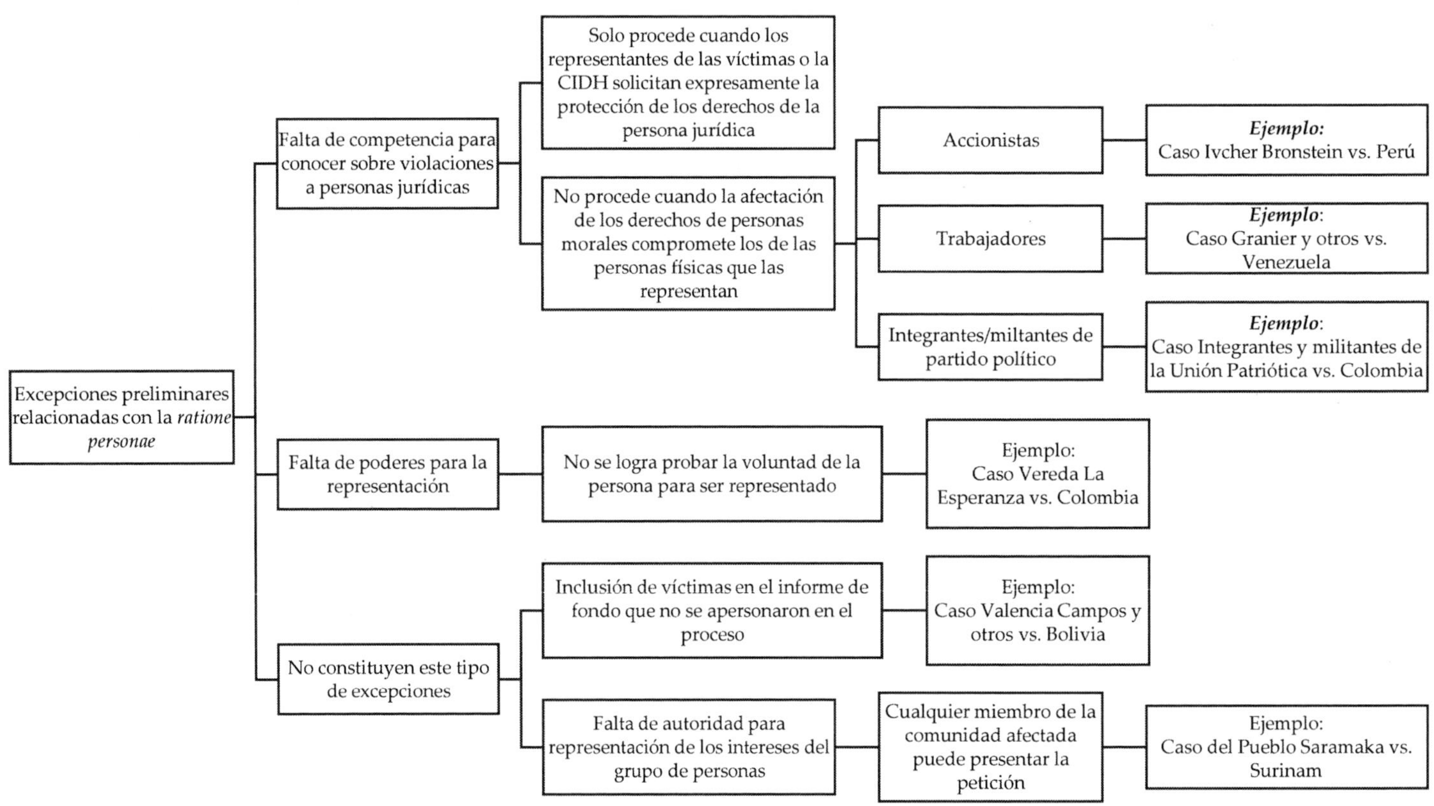

ESQUEMA 6.11. REGLAS SOBRE LAS EXCEPCIONES PRELIMINARES RELACIONADAS CON LA *RATIONE MATERIAE*

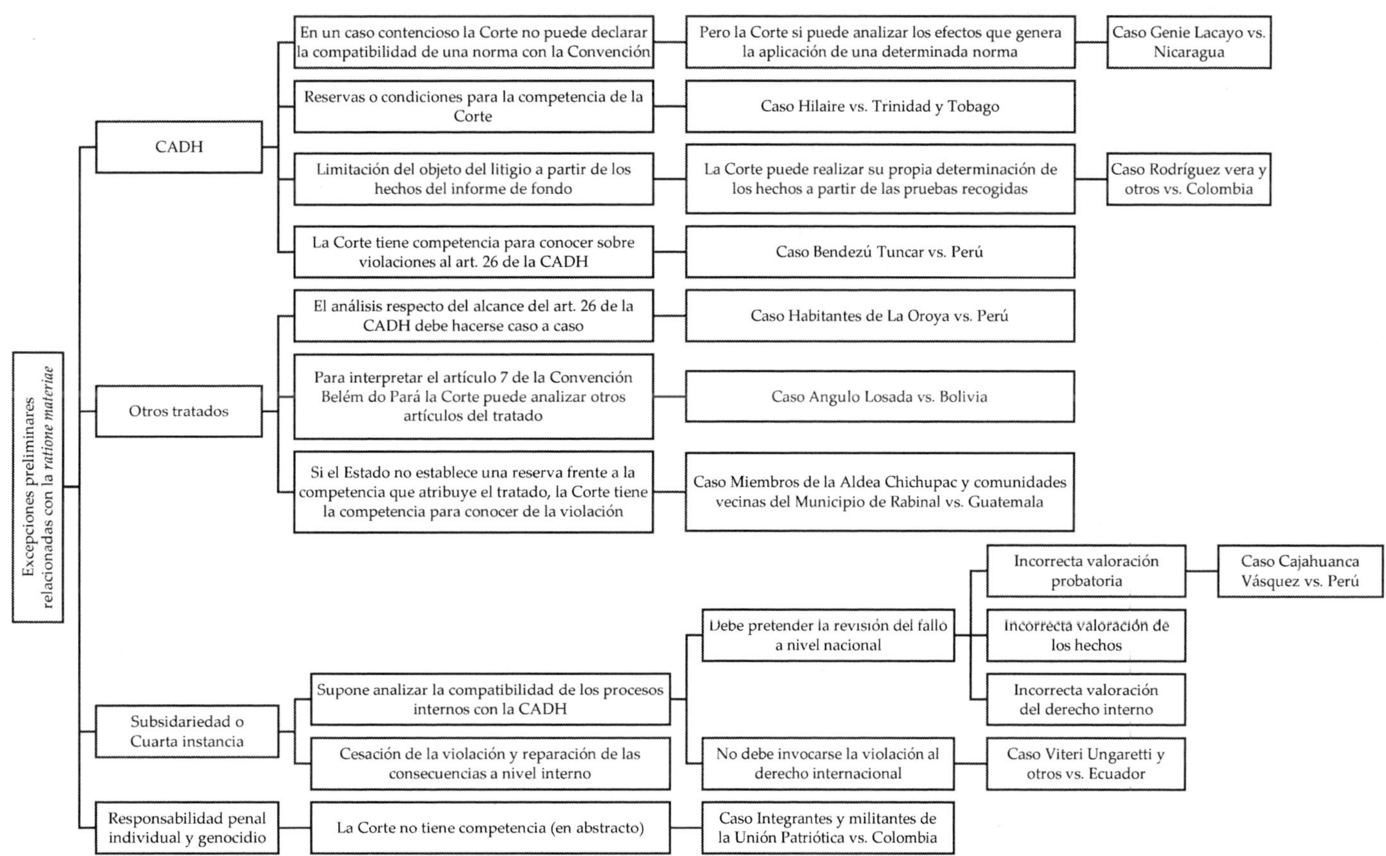

ESQUEMA 6.12. REGLAS SOBRE LAS EXCEPCIONES PRELIMINARES RELACIONADAS CON LA *RATIONE TEMPORIS*

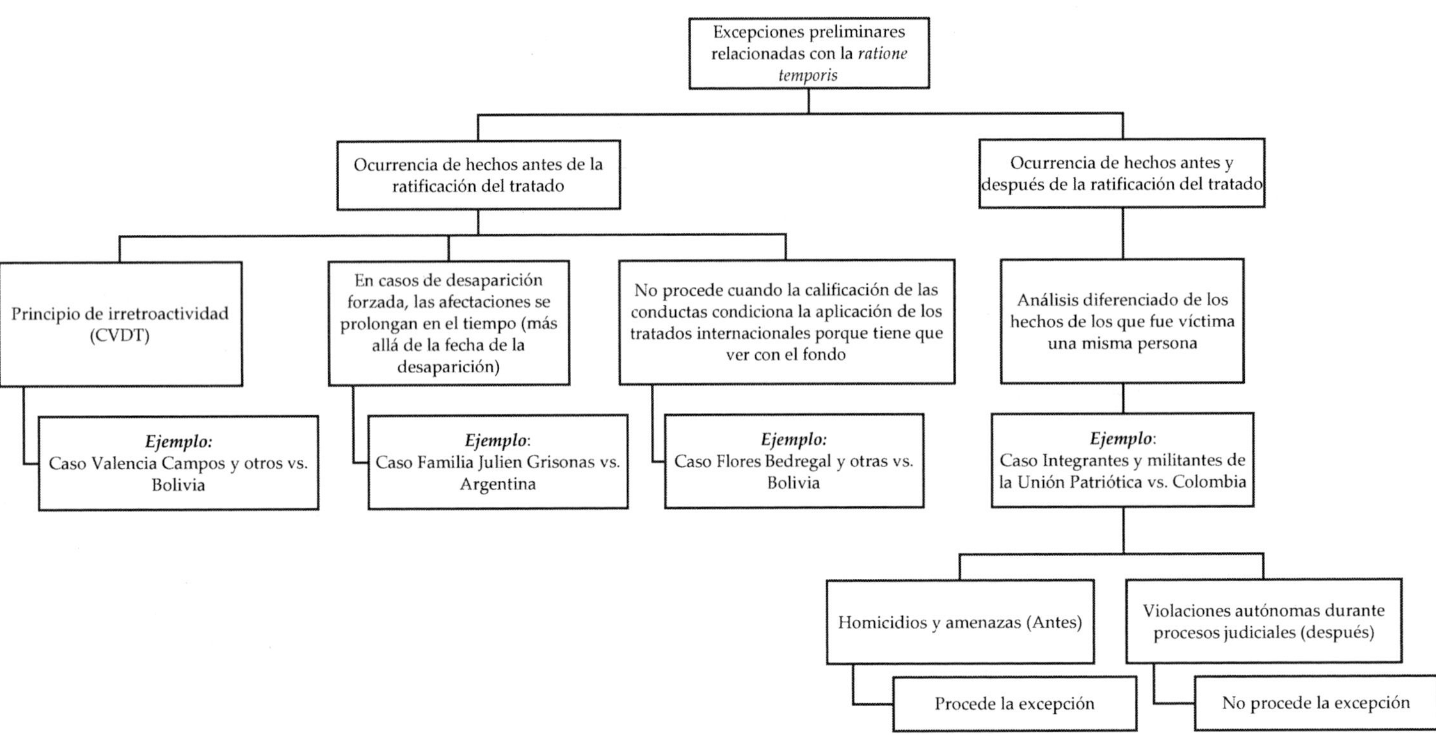

ESQUEMA 6.13. REQUISITOS PARA INTERPONER LA EXCEPCIÓN PRELIMINAR SOBRE EL PREVIO AGOTAMIENTO DE RECURSOS INTERNOS

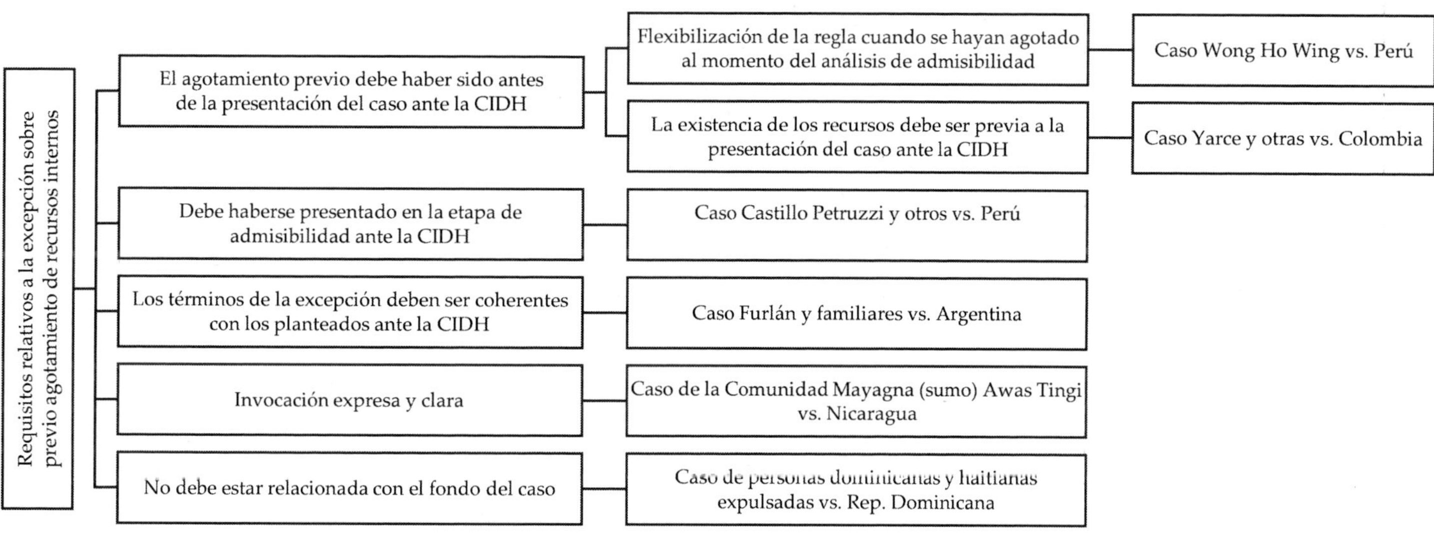

ESQUEMA 6.14. OTRAS CARACTERÍSTICAS DE LA EXCEPCIÓN PRELIMINAR SOBRE EL PREVIO AGOTAMIENTO DE RECURSOS INTERNOS

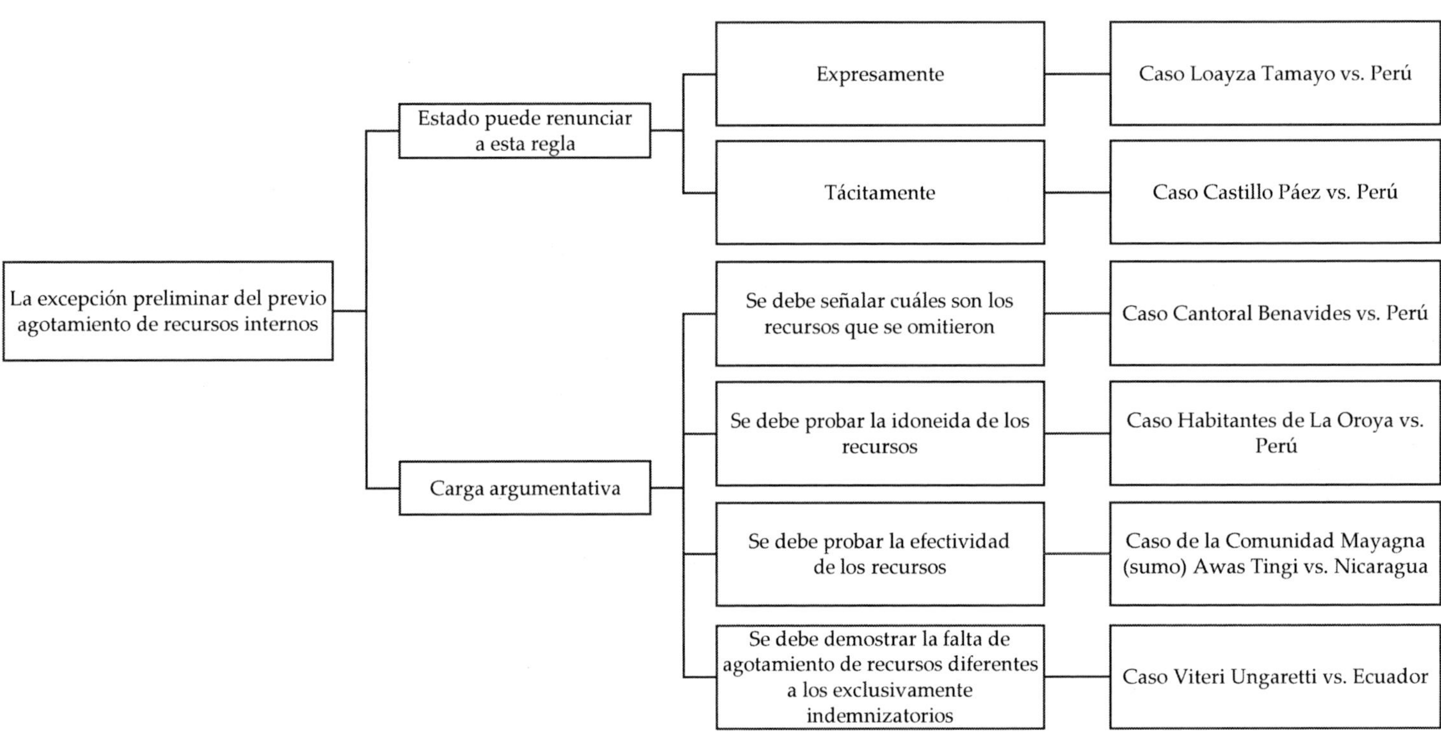

ESQUEMA 6.15. REGLAS SOBRE LAS EXCEPCIONES PRELIMINARES RELACIONADAS CON LOS TRÁMITES DE LA CIDH: COSA JUZGADA INTERNACIONAL, LITISPENDENCIA Y REGLA DEL ESTOPPEL.

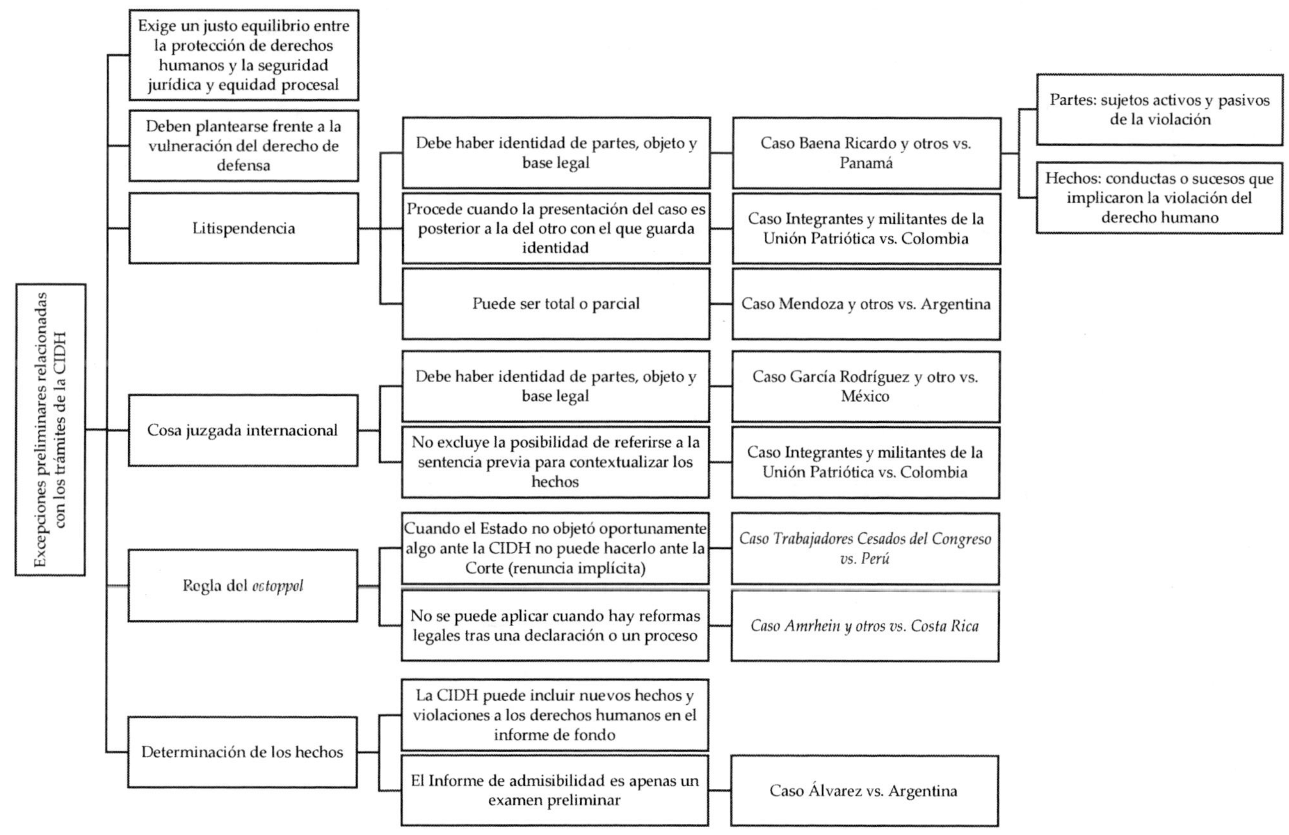

ESQUEMA 6.16. REGLAS SOBRE LAS EXCEPCIONES PRELIMINARES RELACIONADAS CON LOS TRÁMITES ANTE LA COMISIÓN INTERAMERICANA

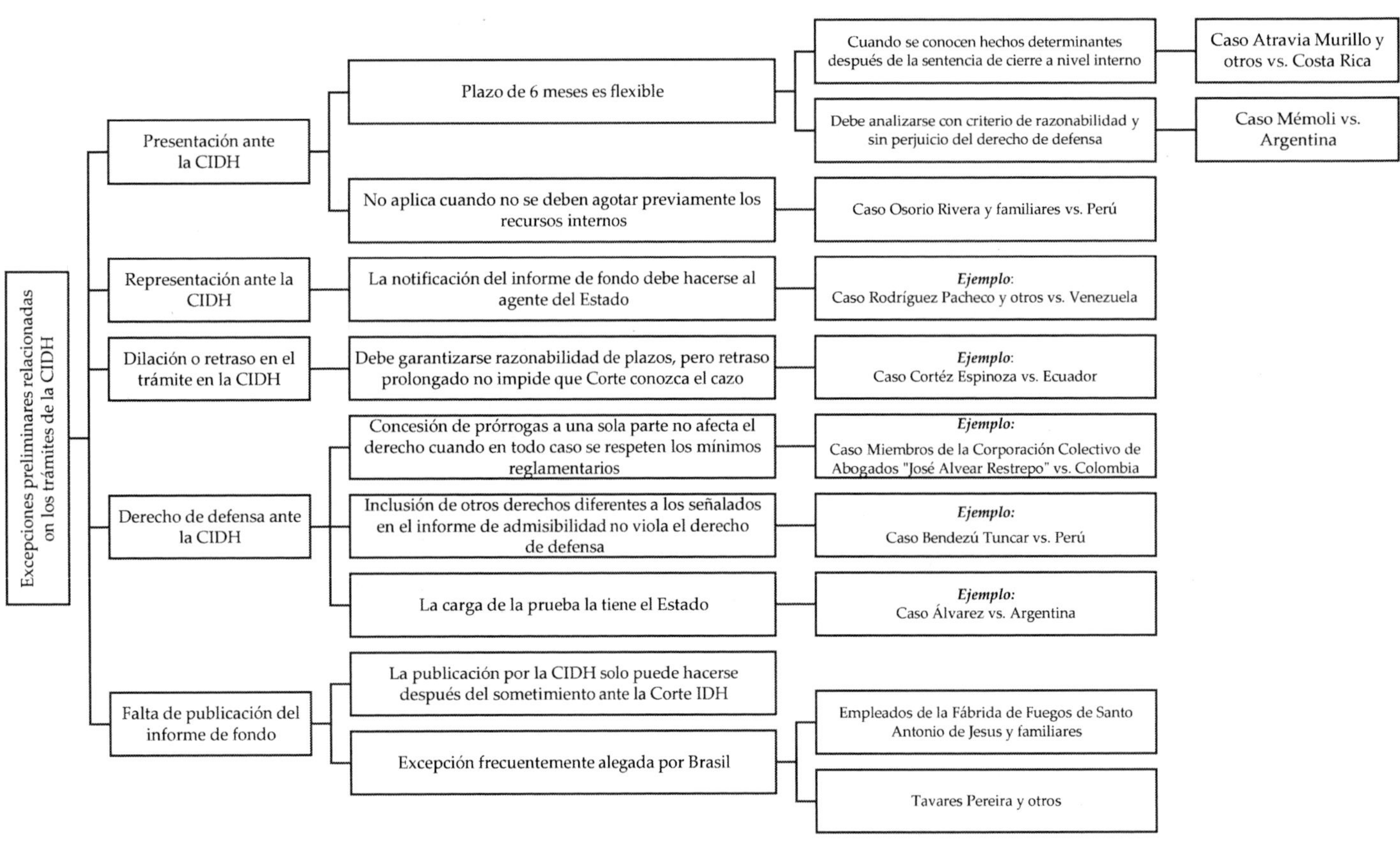

ESQUEMA 6.17. REGLAS SOBRE LAS EXCEPCIONES PRELIMINARES RELACIONADAS CON EL SOMETIMIENTO DEL CASO ANTE LA CORTE IDH

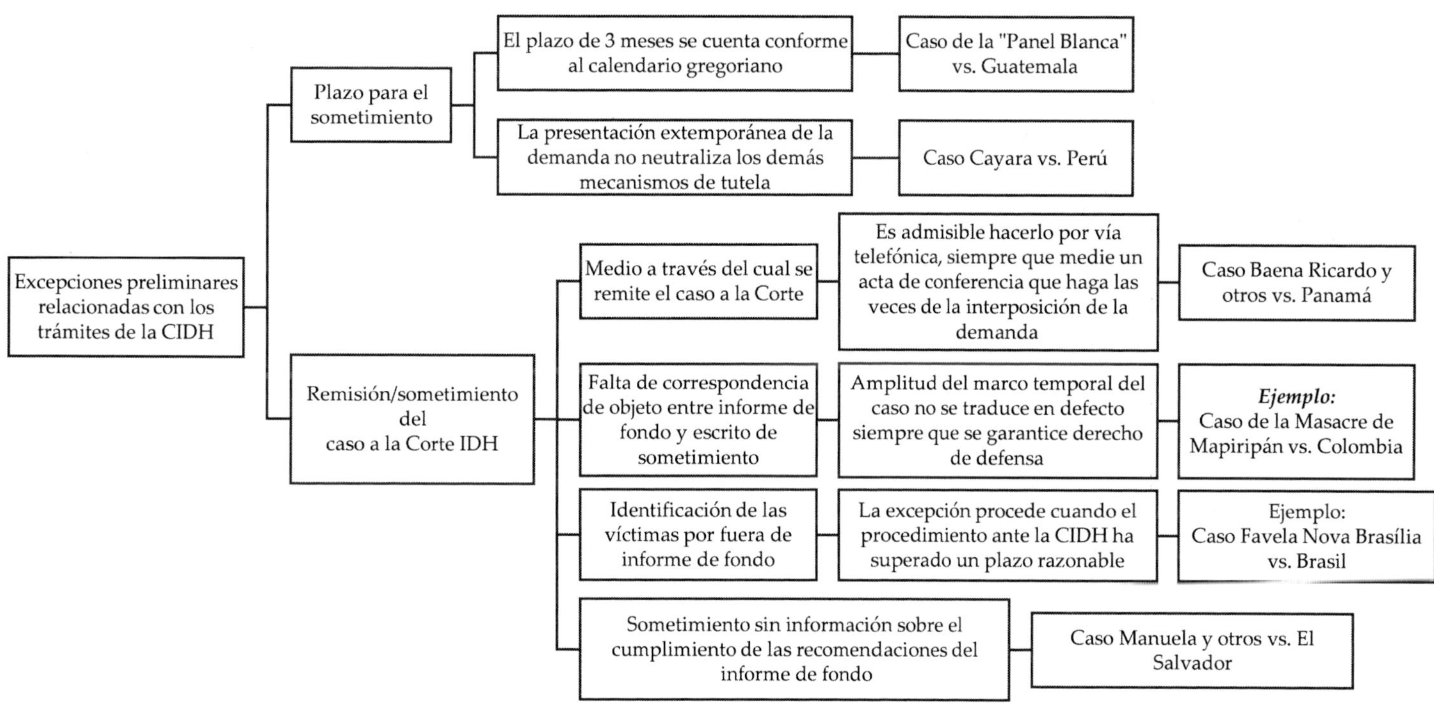

ESQUEMA 6.18. REGLAS SOBRE LAS EXCEPCIONES PRELIMINARES RELACIONADAS CON LA *RATIONE LOCI*

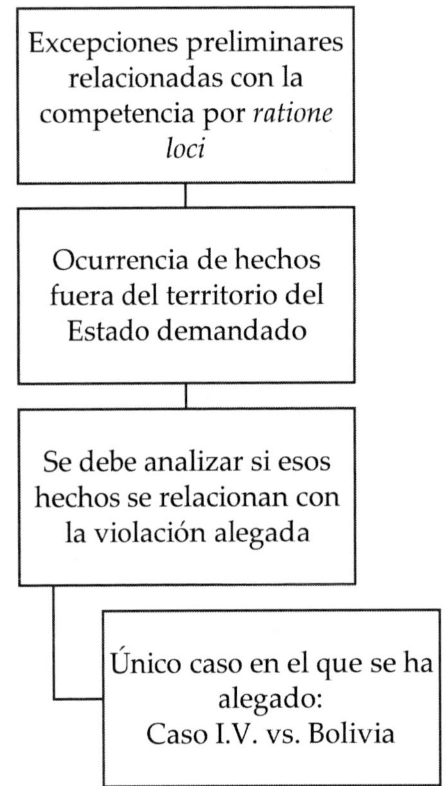

ESQUEMA 6.19. TRÁMITE DE LAS EXCEPCIONES PRELIMINARES DEL ESTADO

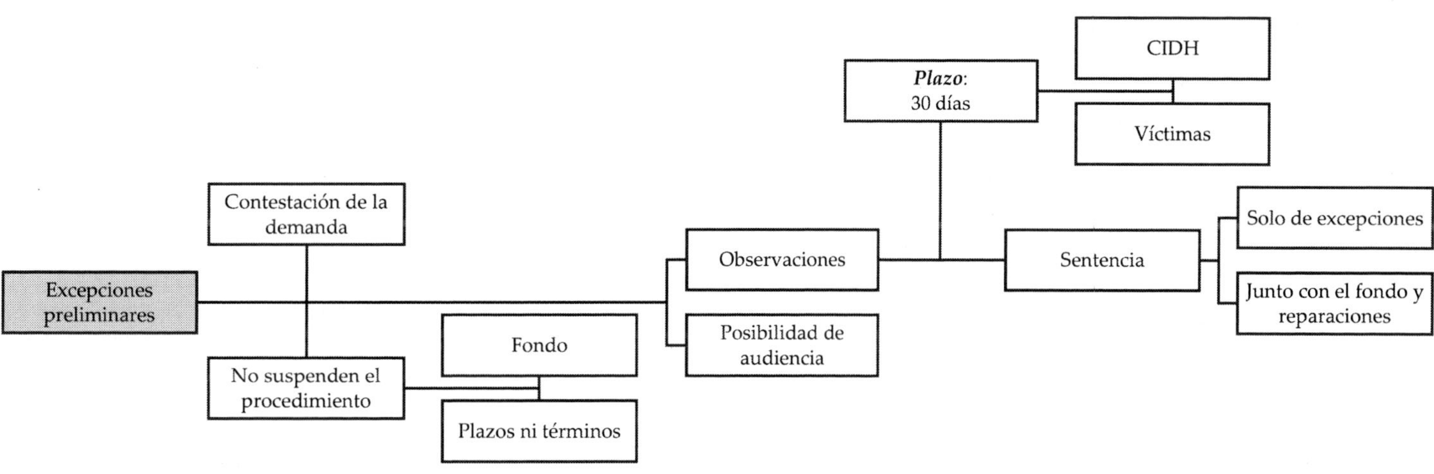

ESQUEMA 6.20. REGLAS SOBRE LAS PREGUNTAS DURANTE LOS DEBATES

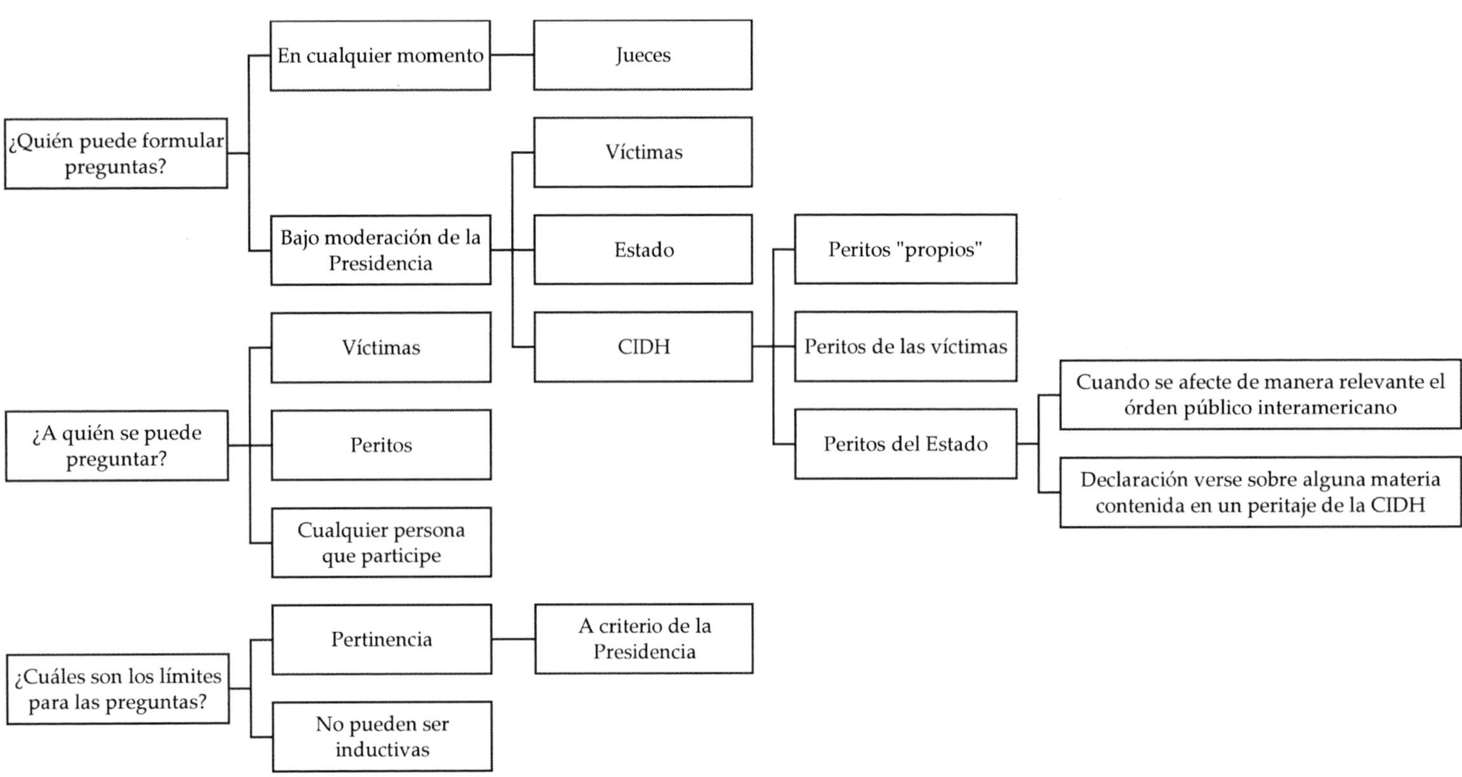

ESQUEMA 6.21. ESTRUCTURA DE LA AUDIENCIA ANTE LA CORTE IDH

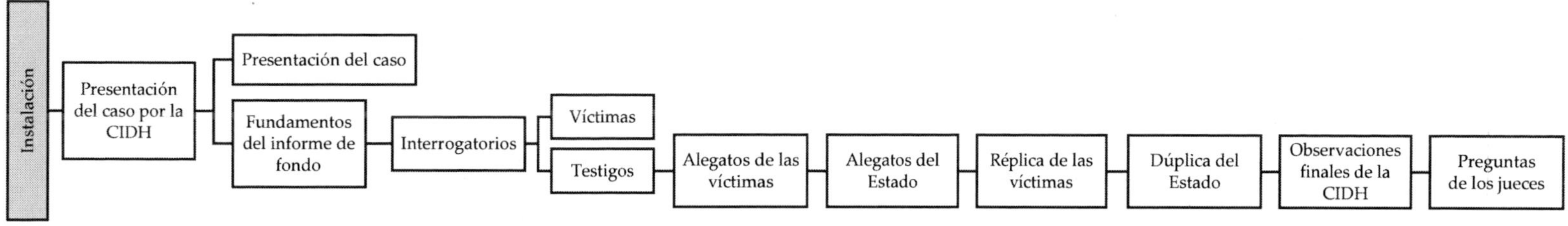

ESQUEMA 6.22. FORMAS DE TERMINACIÓN DEL PROCEDIMIENTO INTERAMERICANO

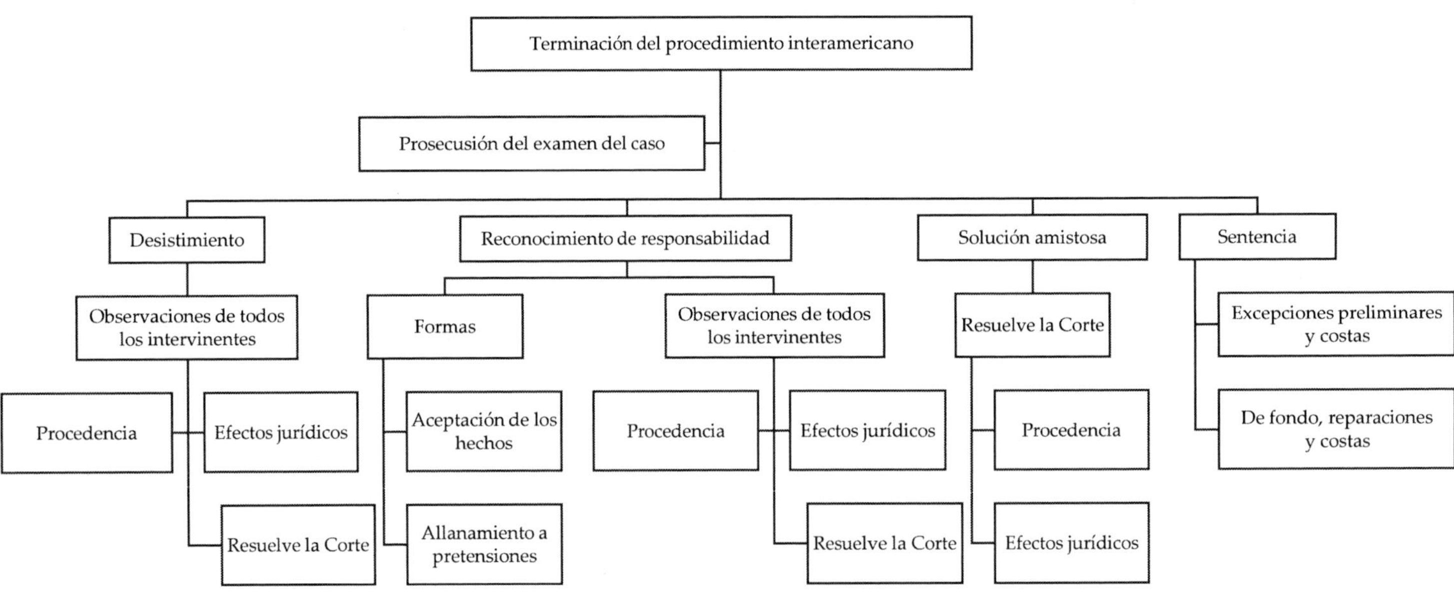

ESQUEMA 6.23. TIPOLOGÍA DE LAS SENTENCIAS DE LA CORTE IDH

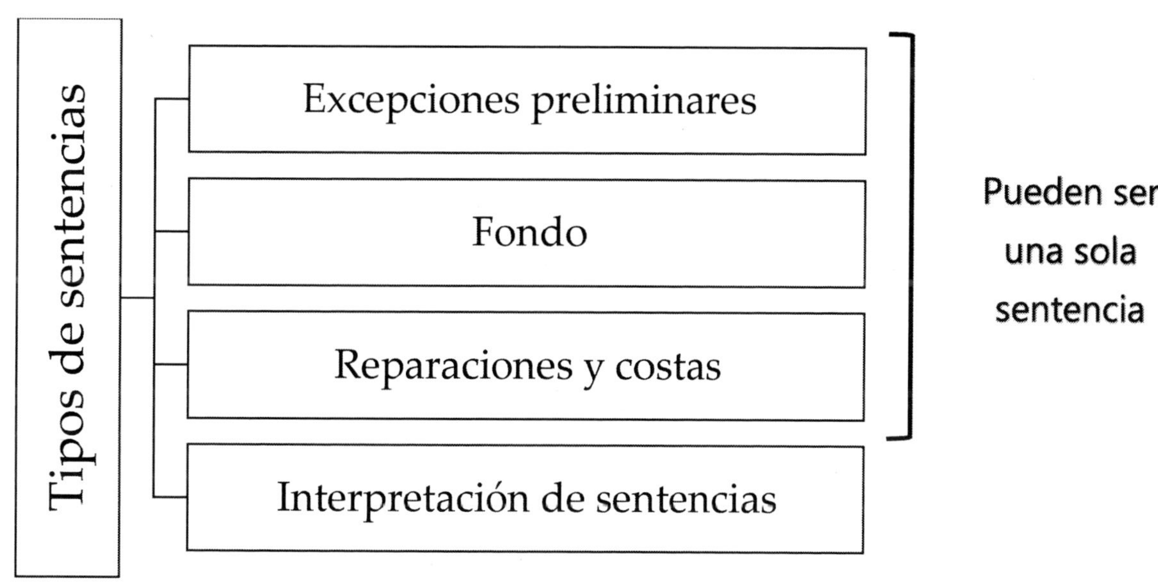

ESQUEMA 6.24. CONTENIDO DE LAS SENTENCIAS

Contenido de la sentencia	Nombre de los jueces (as), el secretario (a) y secretario (a) adjunto (a) de la Corte
	Identificación de los intervinientes y representantes
	Relación de los actos de procedimiento
	Excepciones preliminares*
	Determinación de los hechos
	Conclusiones de las partes
	Fundamentos de derecho
	Decisión sobre el caso
	Reparaciones y costas*
	Resultado de la votación
	Indicación sobre la versión auténtica de la sentencia
Votos razonados	Voto disidente
	Voto concurrente

ESQUEMA 6.25. EFECTOS DE LAS SENTENCIAS DE LA CORTE IDH

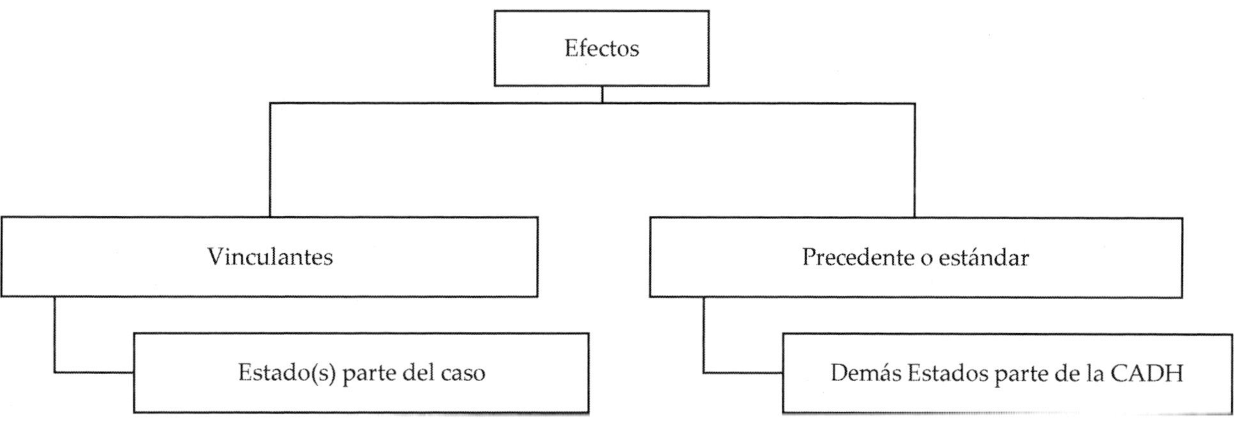

ESQUEMA 6.26. INTERPRETACIÓN DE LAS SENTENCIAS

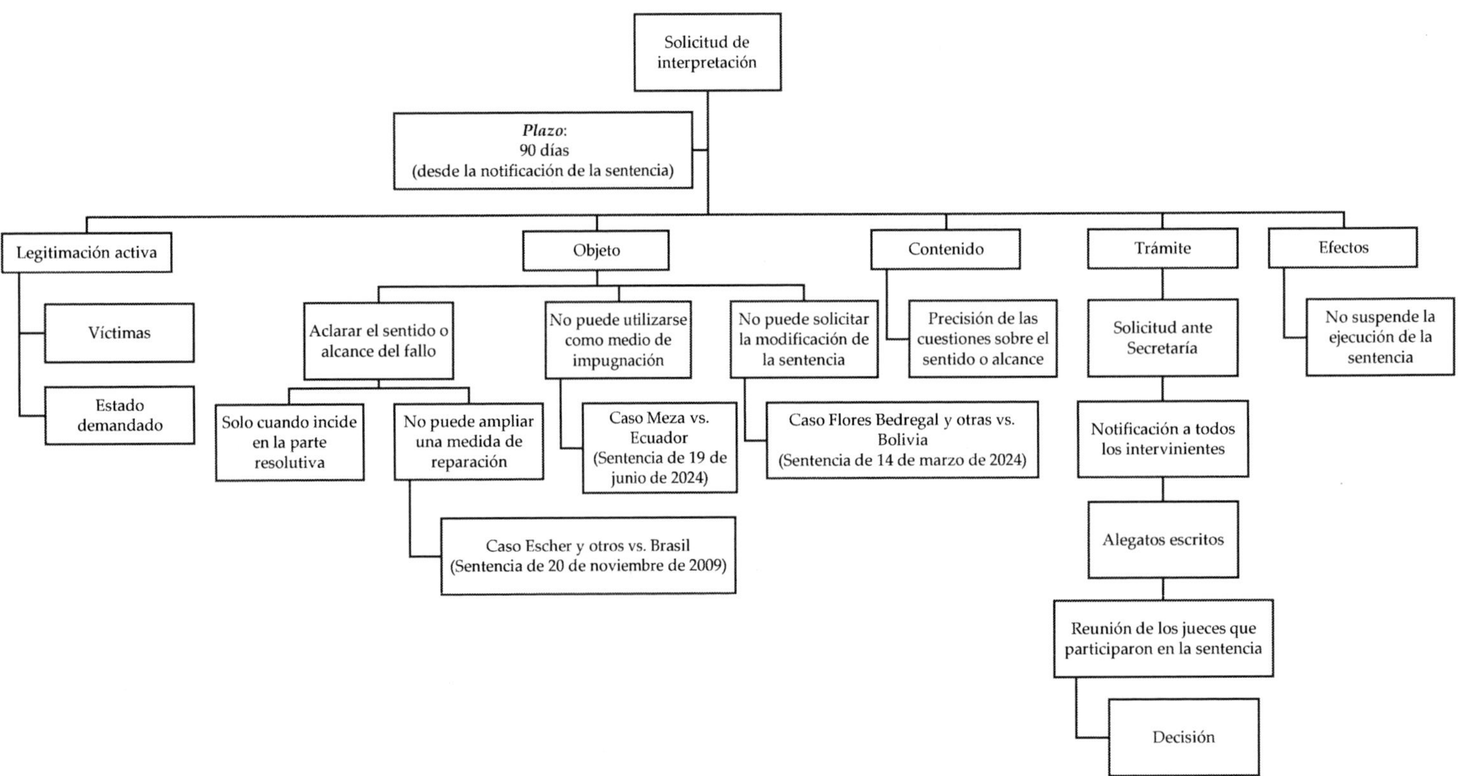

ESQUEMA 6.27. REGLAS GENERALES SOBRE LA SUPERVISIÓN DE CUMPLIMIENTO DE LAS DECISIONES DE LA CORTE IDH

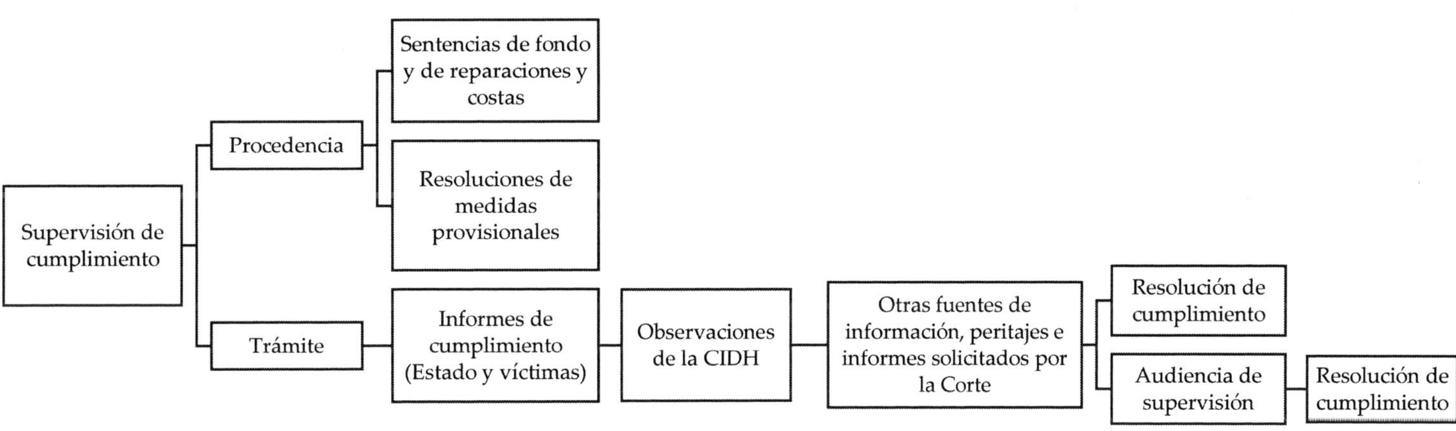

CAPÍTULO 7
EL TRÁMITE DE MEDIDAS PROVISIONALES

ESQUEMA 7.1. CARACTERÍSTICAS DE LAS MEDIDAS PROVISIONALES

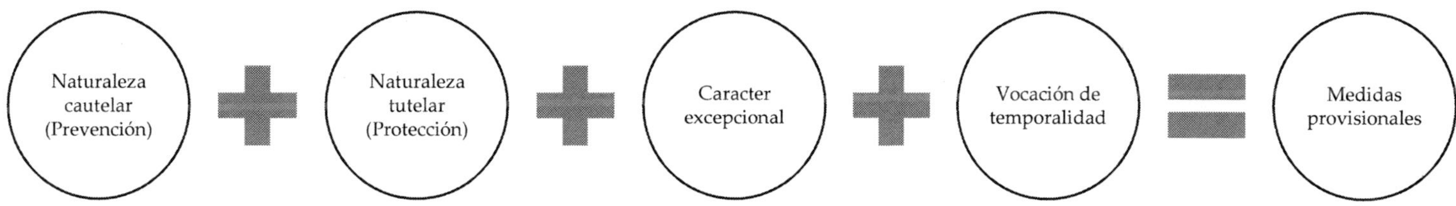

ESQUEMA 7.2. GENERALIDADES DE LAS MEDIDAS PROVISIONALES

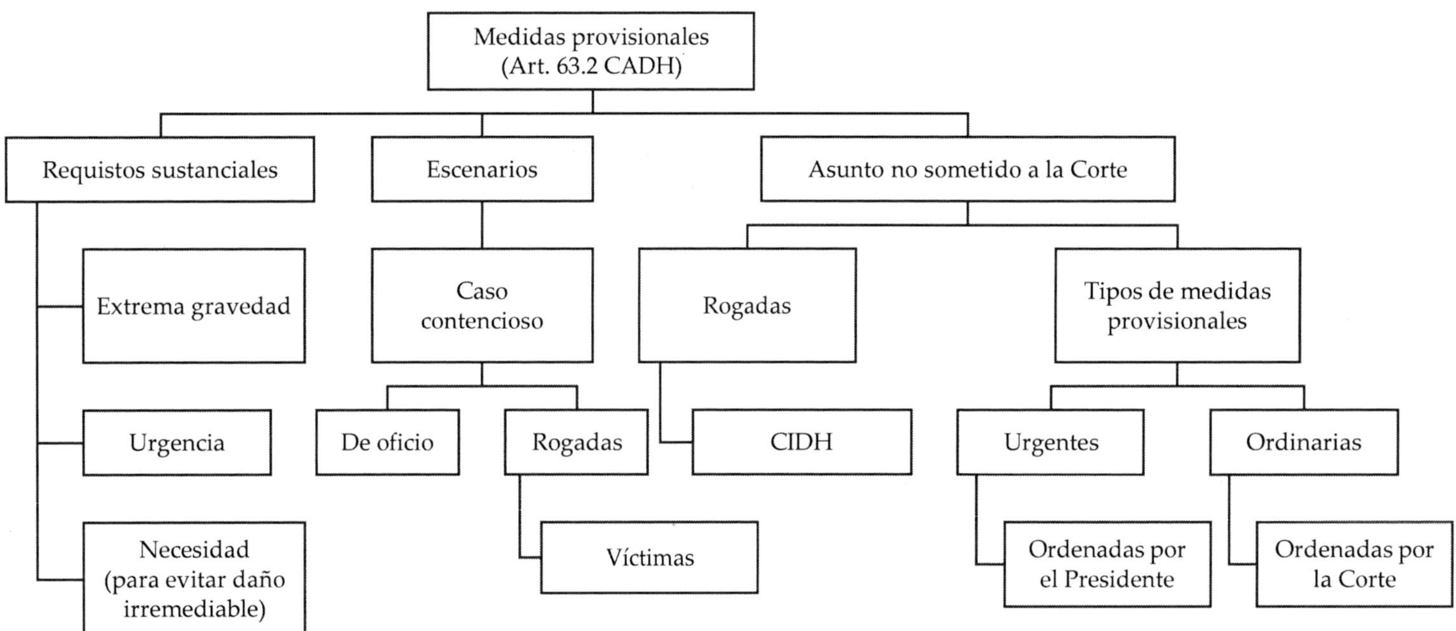

ESQUEMA 7.3. SUJETOS BENEFICIARIOS DE LAS MEDIDAS PROVISIONALES

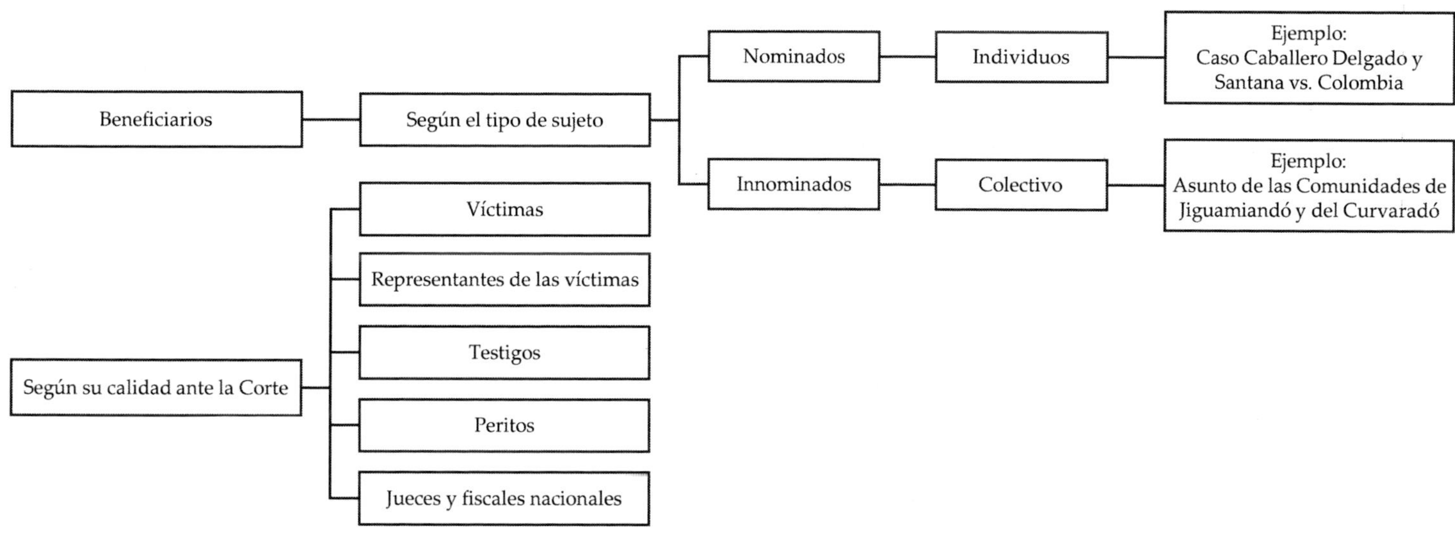

ESQUEMA 7.4. TRÁMITE DE LAS MEDIDAS PROVISIONALES A SOLICITUD DE LA CIDH O DE LAS VÍCTIMAS

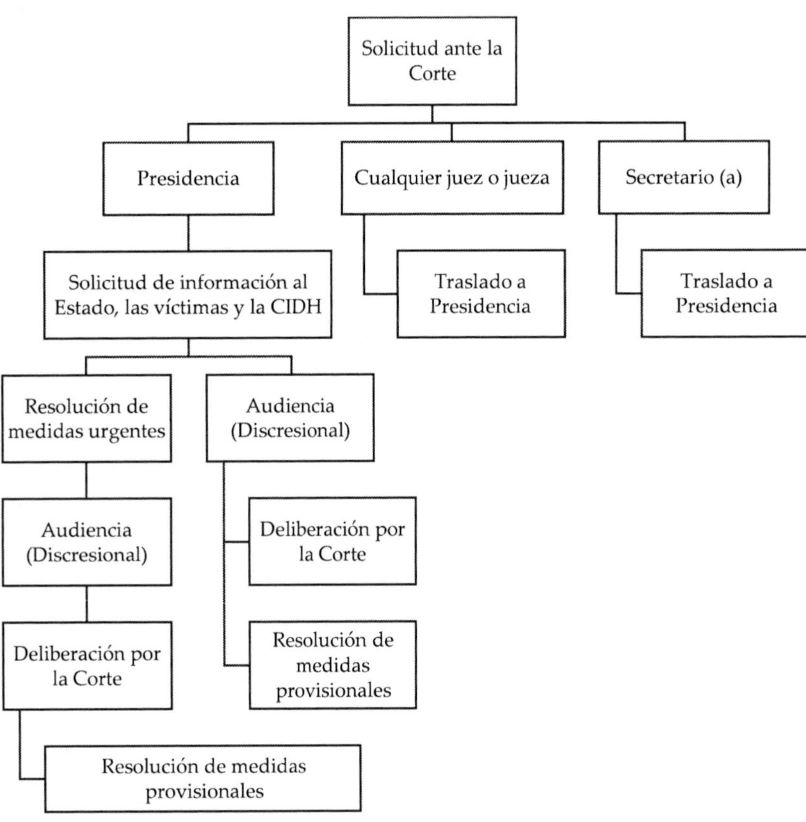

ESQUEMA 7.5. PARTICULARIDADES DEL RÉGIMEN PROBATORIO EN EL MARCO DE LAS MEDIDAS PROVISIONALES

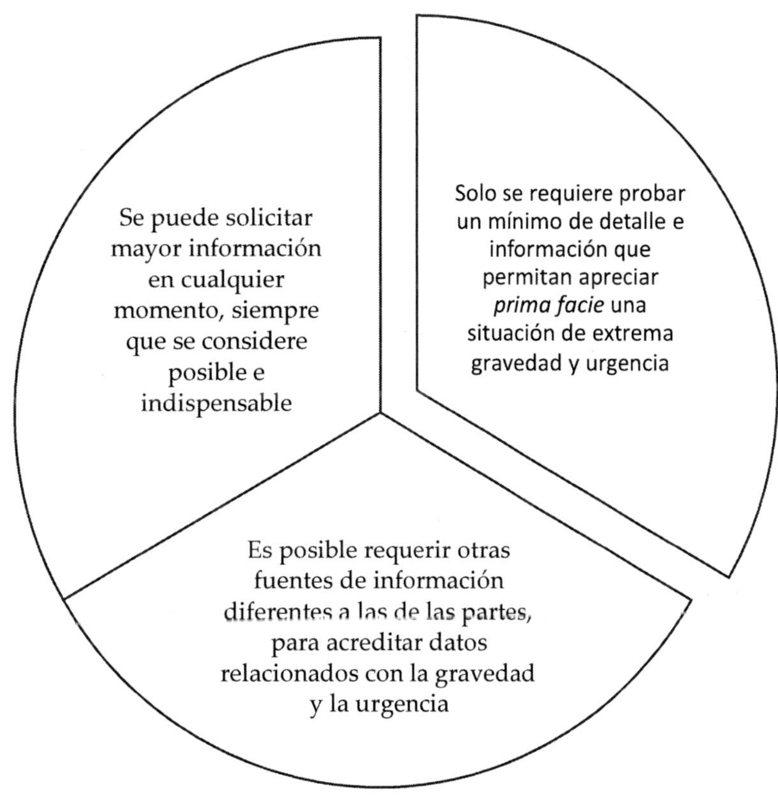

ESQUEMA 7.6. ANÁLISIS DE LA CORTE PARA ORDENAR MEDIDAS PROVISIONALES SEGÚN EL ESCENARIO PROCESAL EN EL QUE SE SOLICITEN

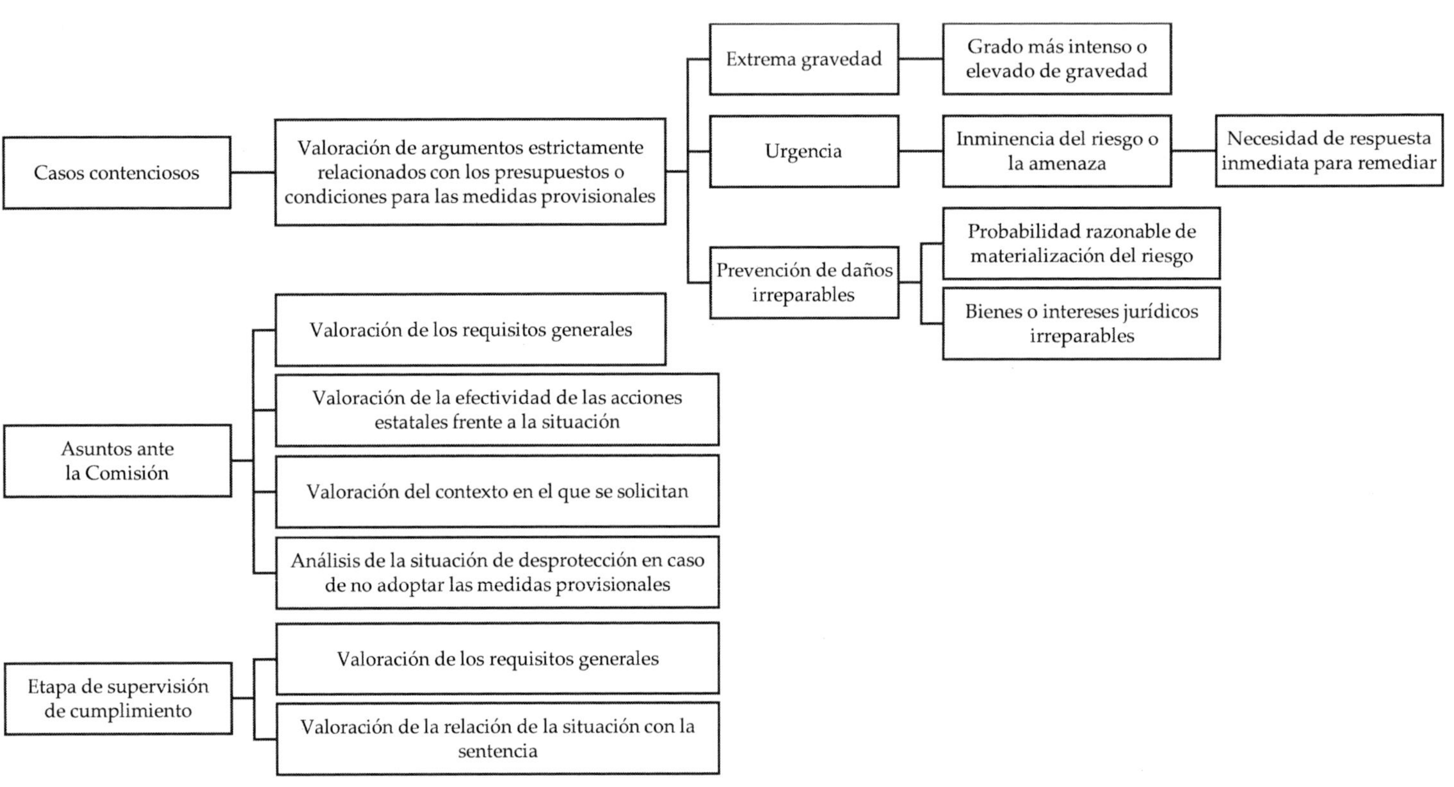

ESQUEMA 7.7. AMPLIACIÓN, PROLONGACIÓN Y LEVANTAMIENTO DE LAS MEDIDAS PROVISIONALES ORDENADAS POR LA CORTE

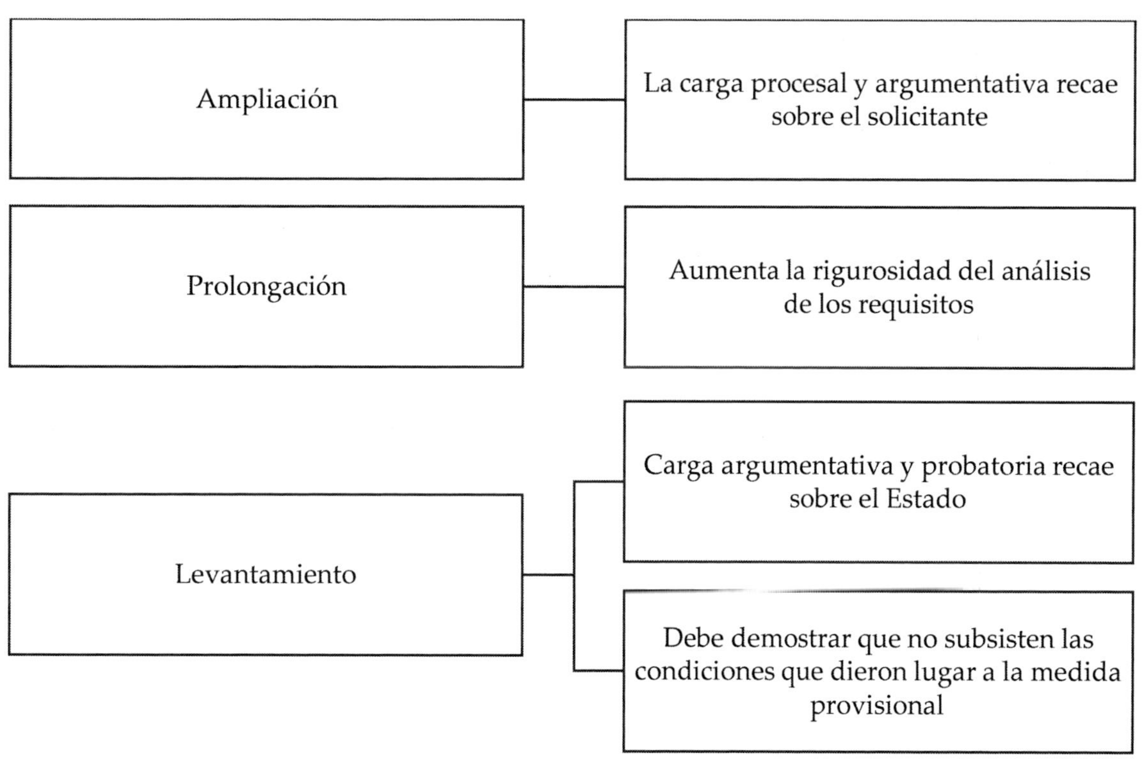

ESQUEMA 7.8. TRÁMITE PARA LA AMPLIACIÓN, PROLONGACIÓN Y LEVANTAMIENTO DE LAS MEDIDAS PROVISIONALES ORDENADAS POR LA CORTE

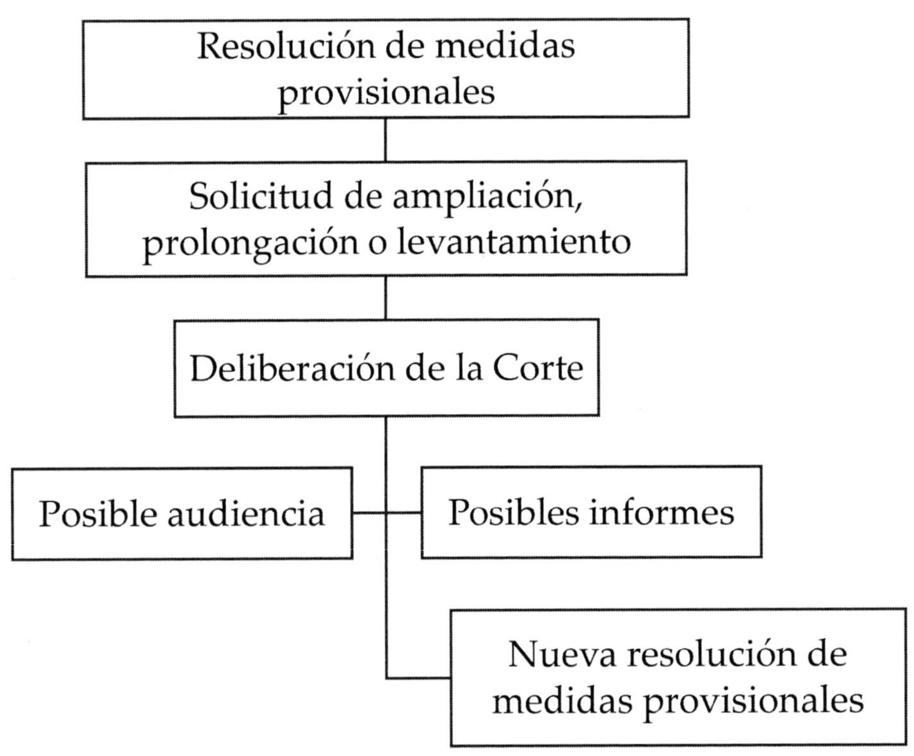

CAPÍTULO 8
EL TRÁMITE DE LAS SOLICITUDES DE OPINIÓN CONSULTIVA

ESQUEMA 8.1. ALCANCE Y LEGITIMACIÓN PARA SOLICITAR OPINIONES CONSULTIVAS DE LA CORTE IDH

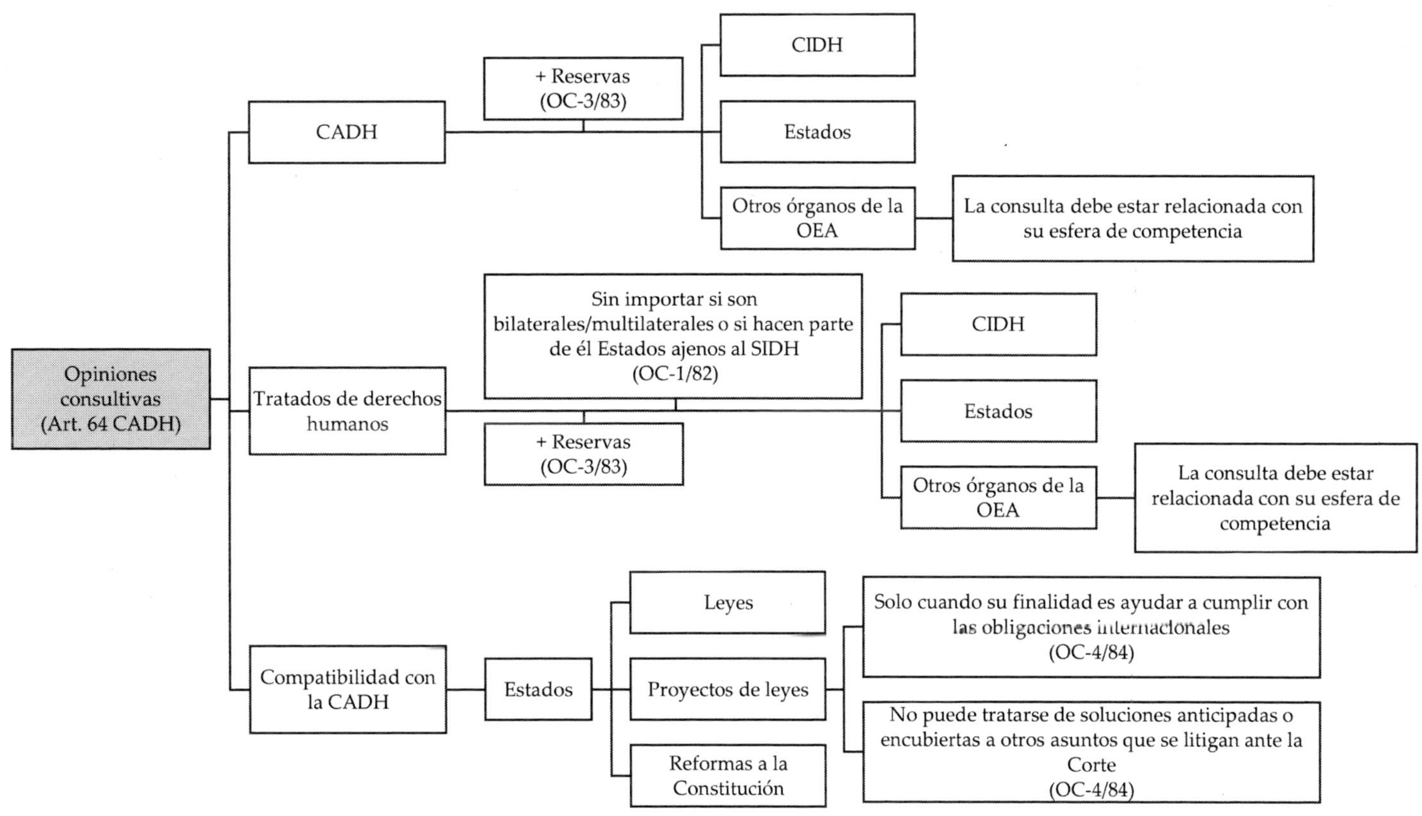

ESQUEMA 8.2. ÓRGANOS DE LA OEA LEGITIMADOS PARA SOLICITAR OPINIONES CONSULTIVAS

ESQUEMA 8.3. CARACTERÍSTICAS DE LA FUNCIÓN CONSULTIVA DE LA CORTE IDH

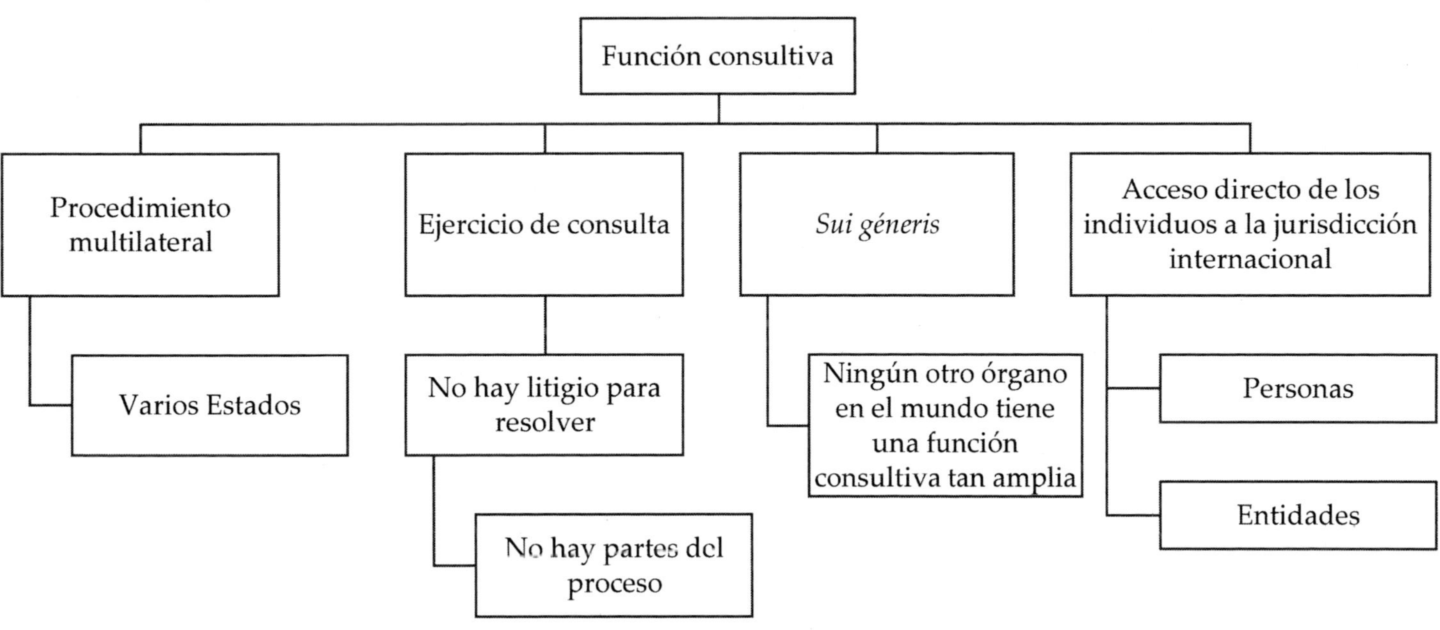

ESQUEMA 8.4. CONTENIDO DE LAS SOLICITUDES DE OPINIONES CONSULTIVAS DE LA CORTE IDH

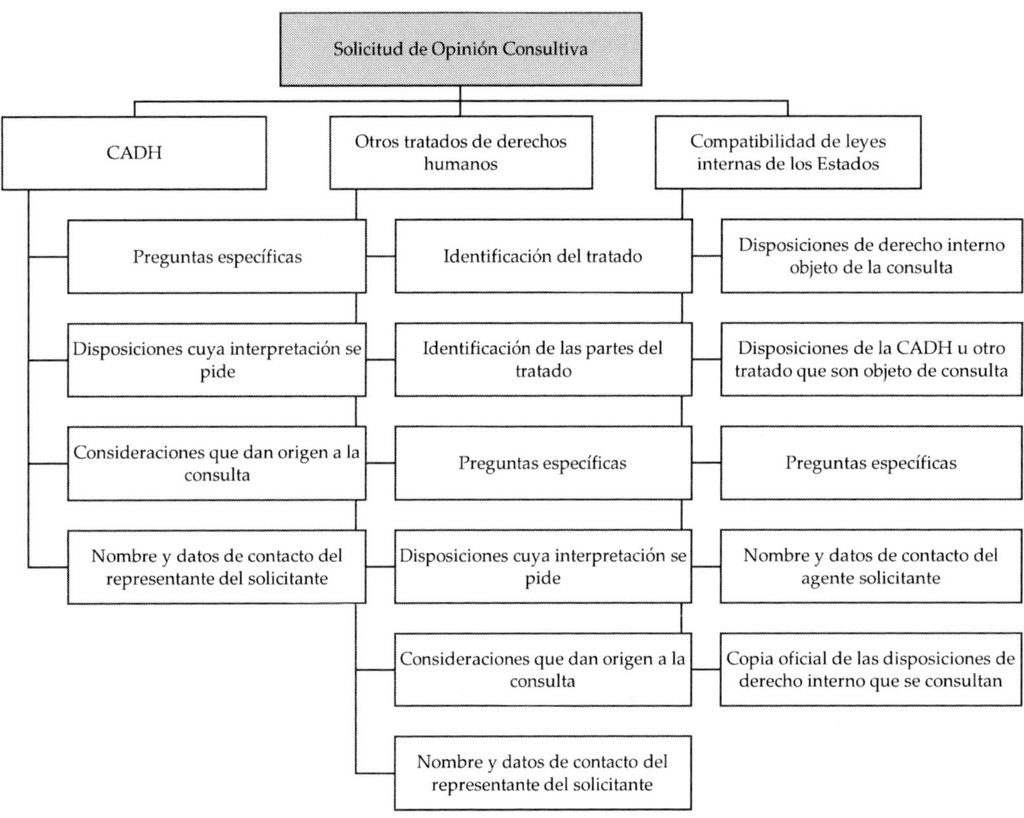

ESQUEMA 8.5. TRÁMITE DE LAS SOLICITUDES DE OPINIONES CONSULTIVAS DE LA CORTE IDH

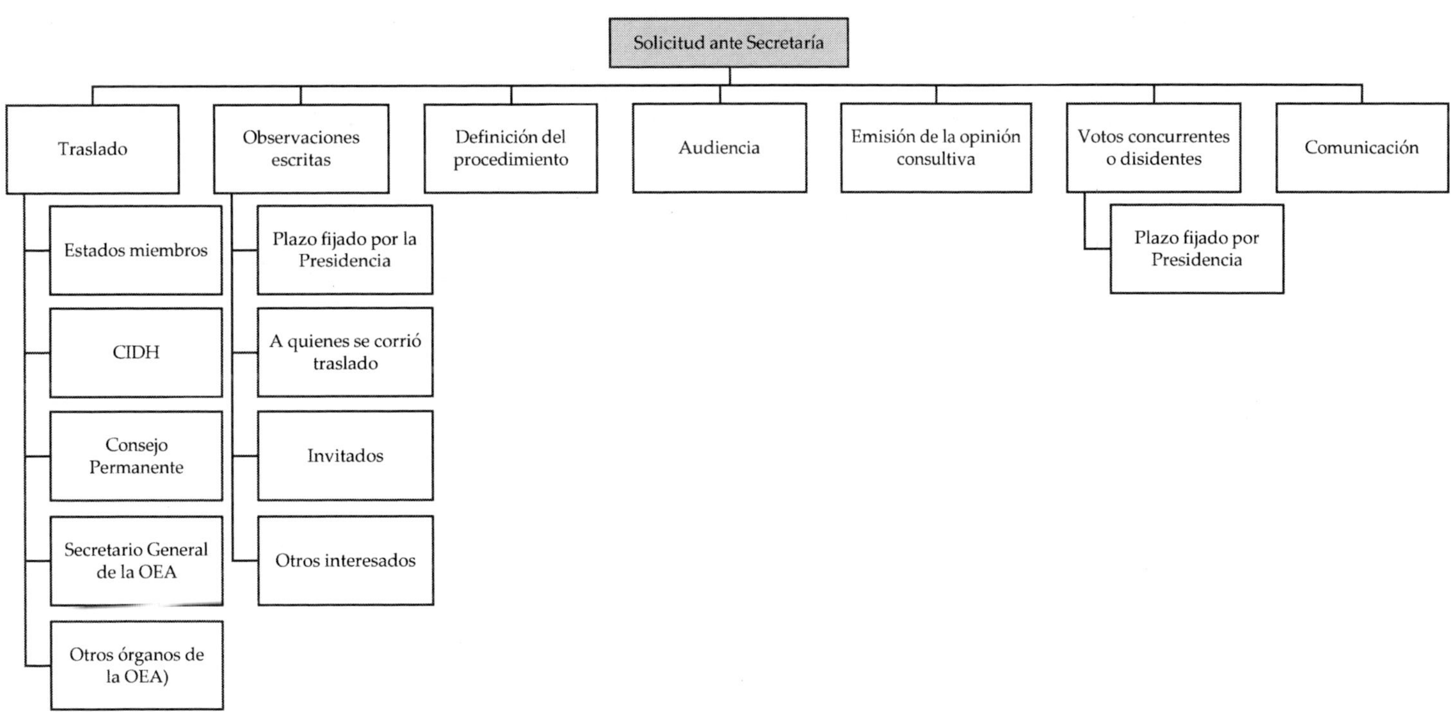

ESQUEMA 8.6. CONTENIDO DE LAS OPINIONES CONSULTIVAS DE LA CORTE IDH

Contenido	Nombres de jueces, juezas y secretarios (as) que participaron en ella
	Cuestiones sometidas a la Corte
	Relación de los actos de procedimiento
	Fundamentos de derecho
	Opinión de la Corte
	Indicación de autenticidad

ESQUEMA 8.7. EFECTOS DE LAS OPINIONES CONSULTIVAS

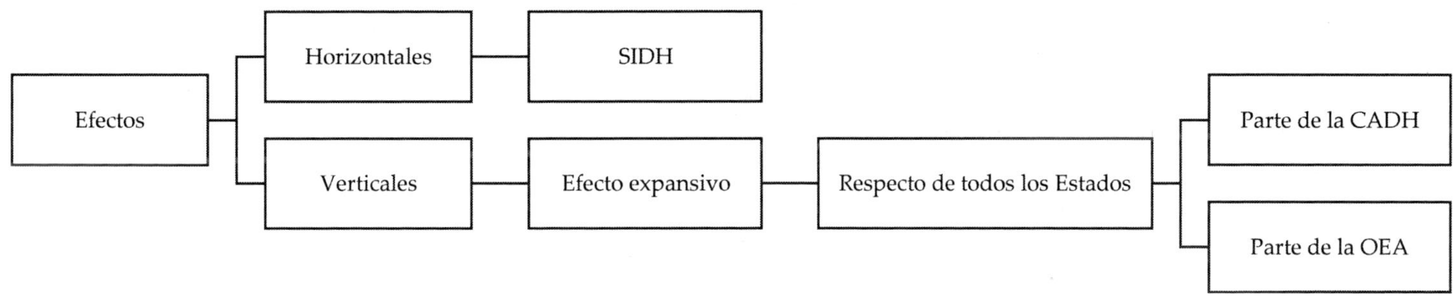

ESQUEMA 8.8. OPINIONES CONSULTIVAS SOBRE LA INTERPRETACIÓN DE LA CONVENCIÓN AMERICANA (ART. 1 Y 2)

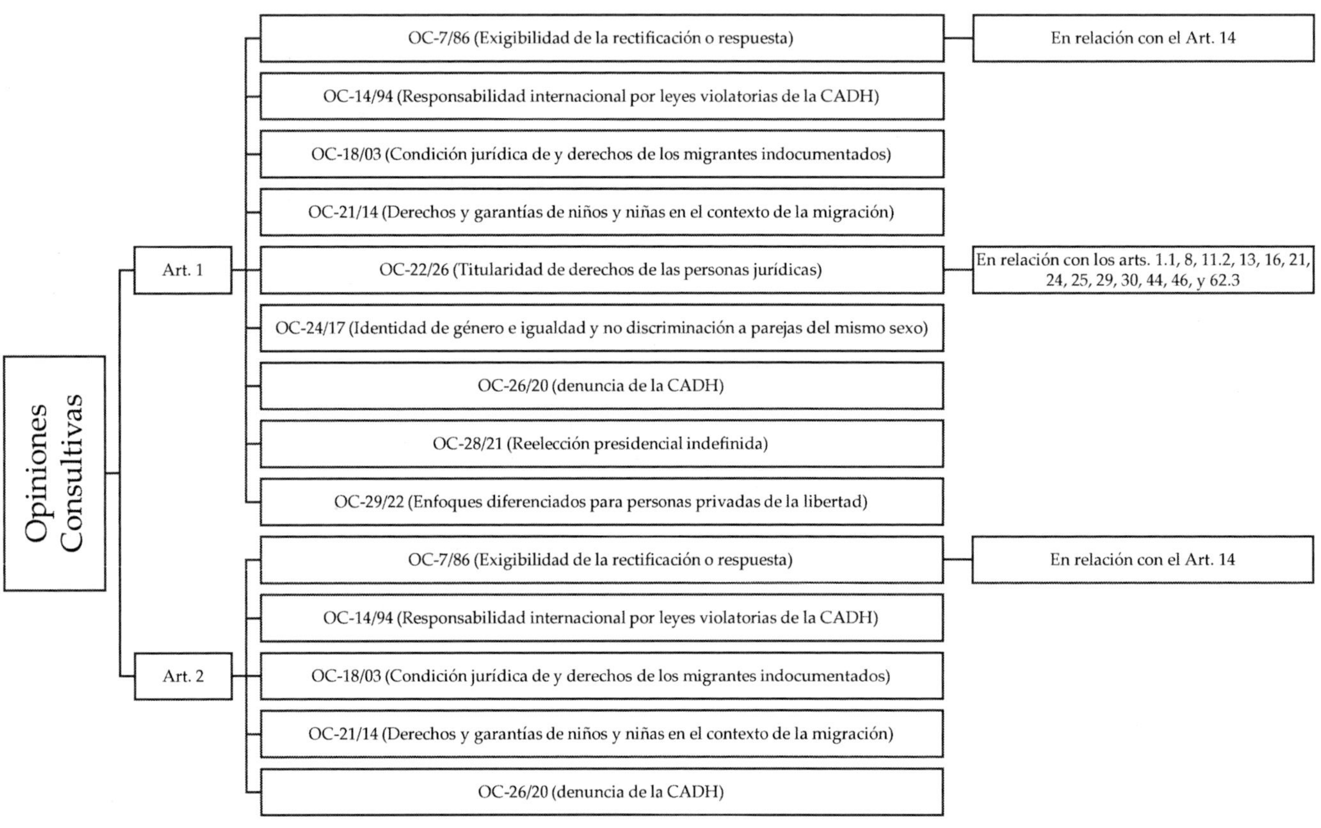

ESQUEMA 8.9. OPINIONES CONSULTIVAS SOBRE LOS DERECHOS AL RECONOCIMIENTO DE LA PERSONALIDAD JURÍDICA, LA VIDA, LA INTEGRIDAD PERSONAL Y LA PROHIBICIÓN DE LA ESCLAVITUD Y LA SERVIDUMBRE (ARTS. 3 A 7 DE LA CADH)

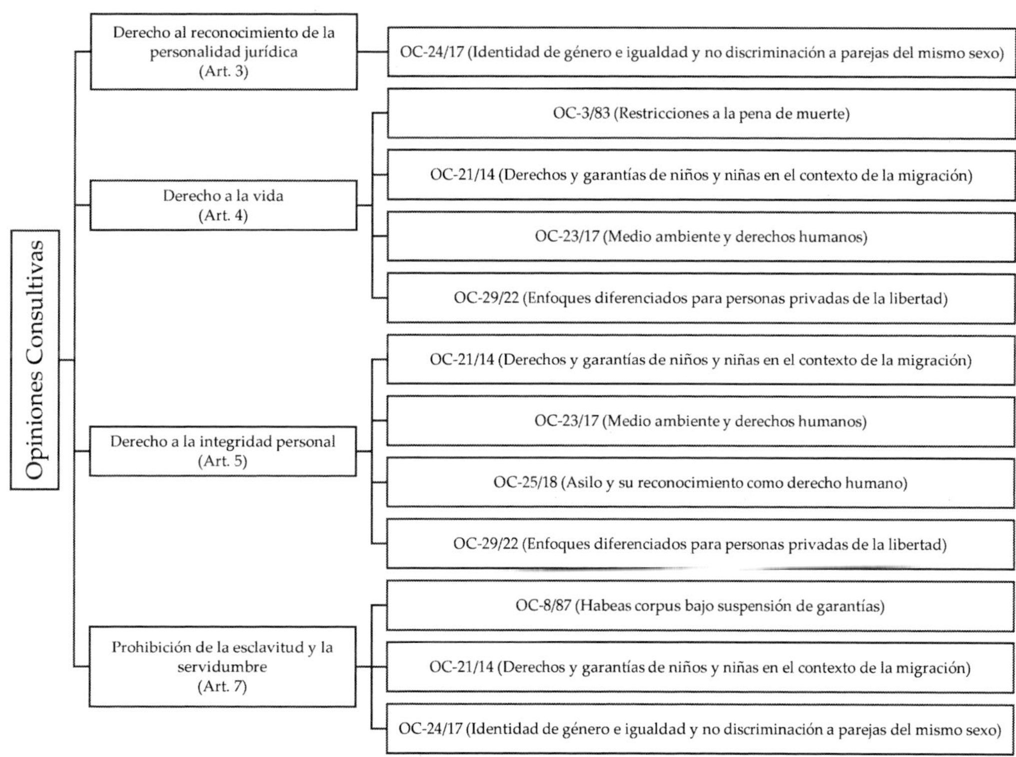

ESQUEMA 8.10. OPINIONES CONSULTIVAS SOBRE LAS GARANTÍAS JUDICIALES Y LA PROTECCIÓN JUDICIAL (ARTS. 8 Y 25 DE LA CADH)

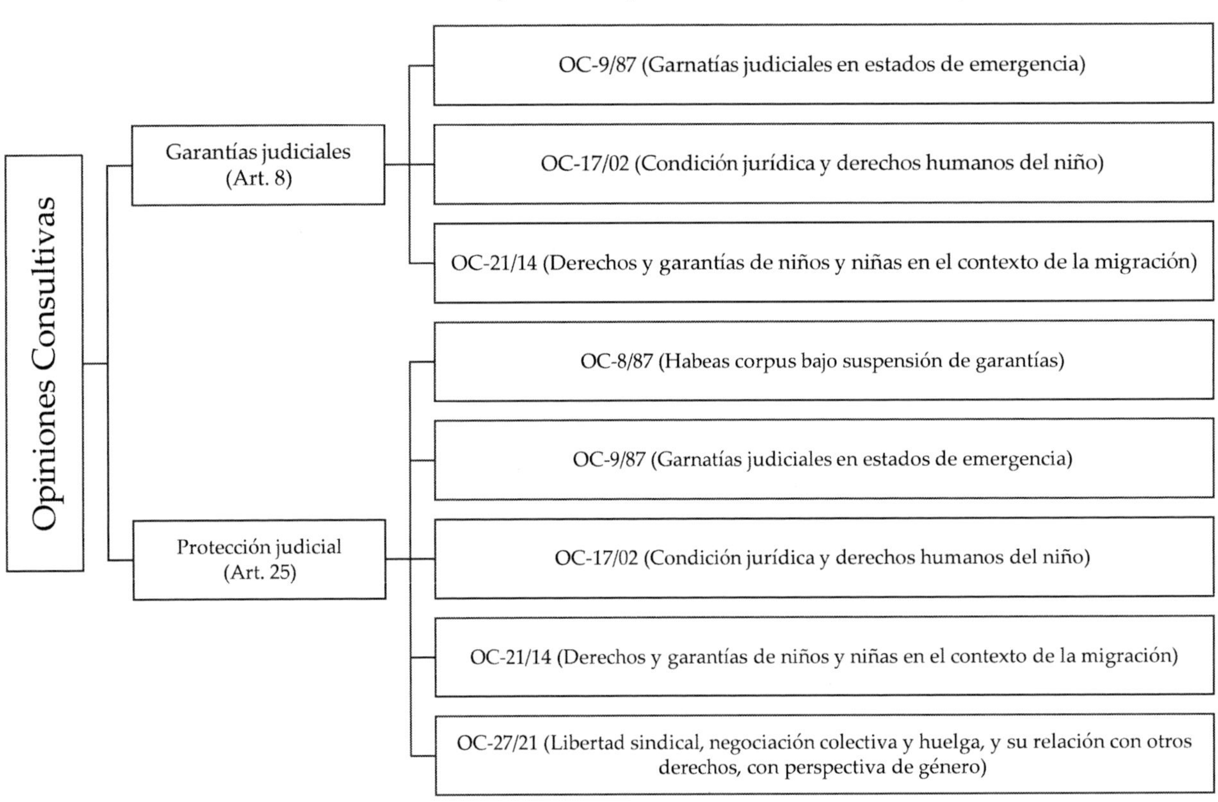

ESQUEMA 8.11. OPINIONES CONSULTIVAS SOBRE LA PROTECCIÓN A LA HONRA Y LA DIGNIDAD, LA LIBERTAD DE CONCIENCIA Y DE RELIGIÓN, LA LIBERTAD DE PENSAMIENTO Y DE EXPRESIÓN Y EL DERECHO A LA RECTIFICACIÓN O RESPUESTA (ARTS. 11 – 14 DE LA CADH)

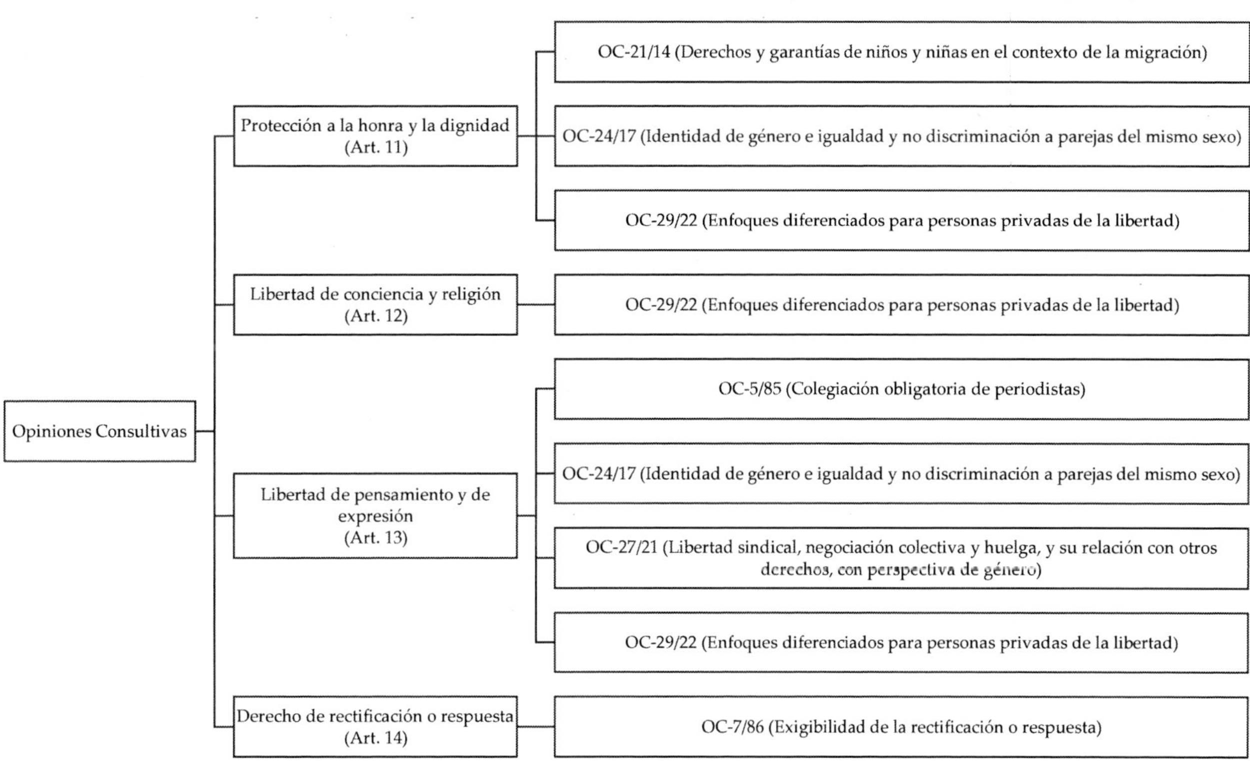

ESQUEMA 8.12. OPINIONES CONSULTIVAS SOBRE EL DERECHO DE REUNIÓN, LIBERTAD DE ASOCIACIÓN, PROTECCIÓN A LA FAMILIA, DERECHO AL NOMBRE Y DERECHOS DEL NIÑO (ARTS. 15 – 19)

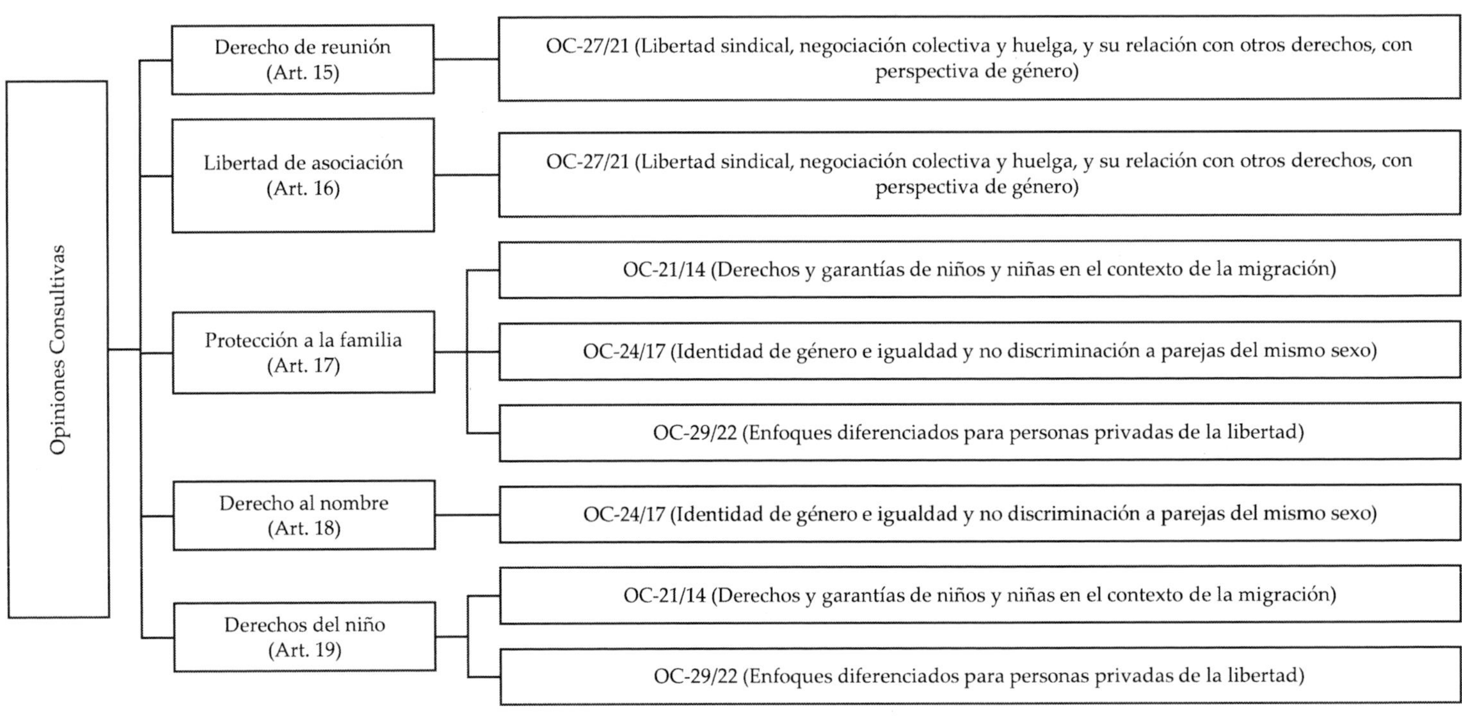

ESQUEMA 8.13. OPINIONES CONSULTIVAS SOBRE EL DERECHO DE LA CIRCULACIÓN Y DE RESIDENCIA, LOS DERECHOS POLÍTICOS, LA IGUALDAD ANTE LA LEY Y EL DESARROLLO PROGRESIVO (ARTS. 16 – 24 Y 26 DE LA CADH)

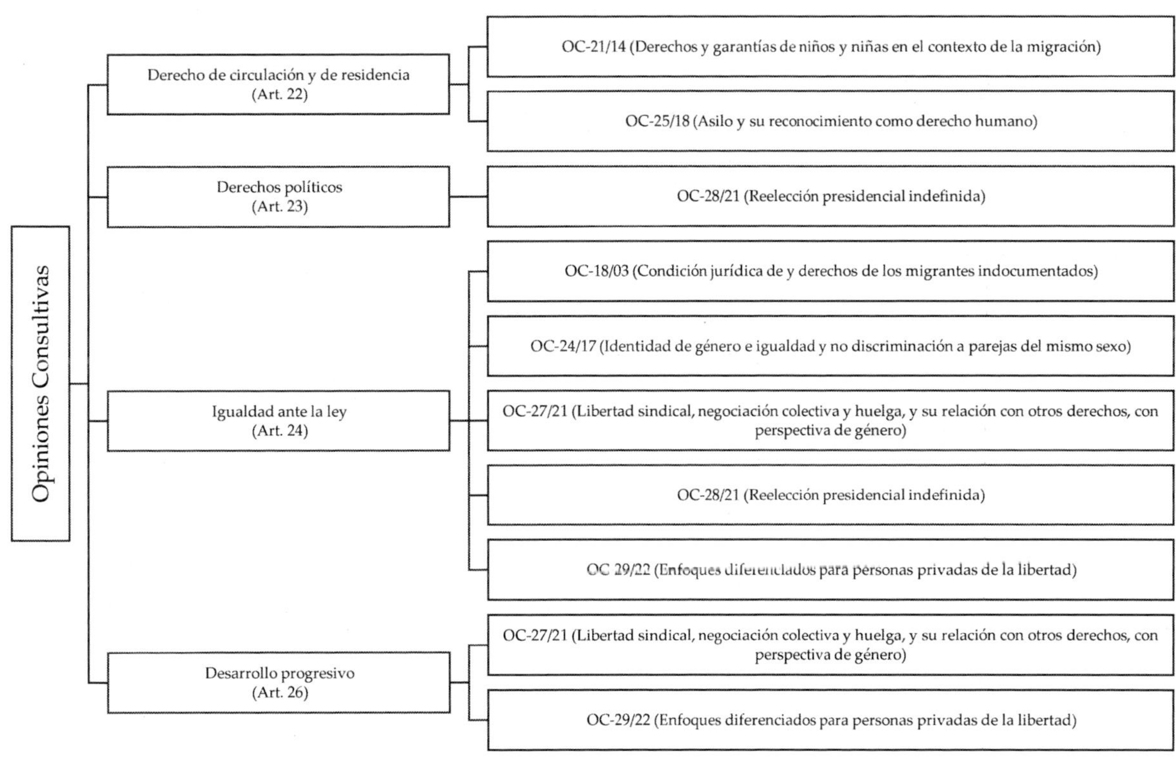

ESQUEMA 8.14. OPINIONES CONSULTIVAS SOBRE SUSPENSIÓN DE GARANTÍAS, INTERPRETACIÓN Y APLICACIÓN DE LA CADH (ARTS. 27 – 32)

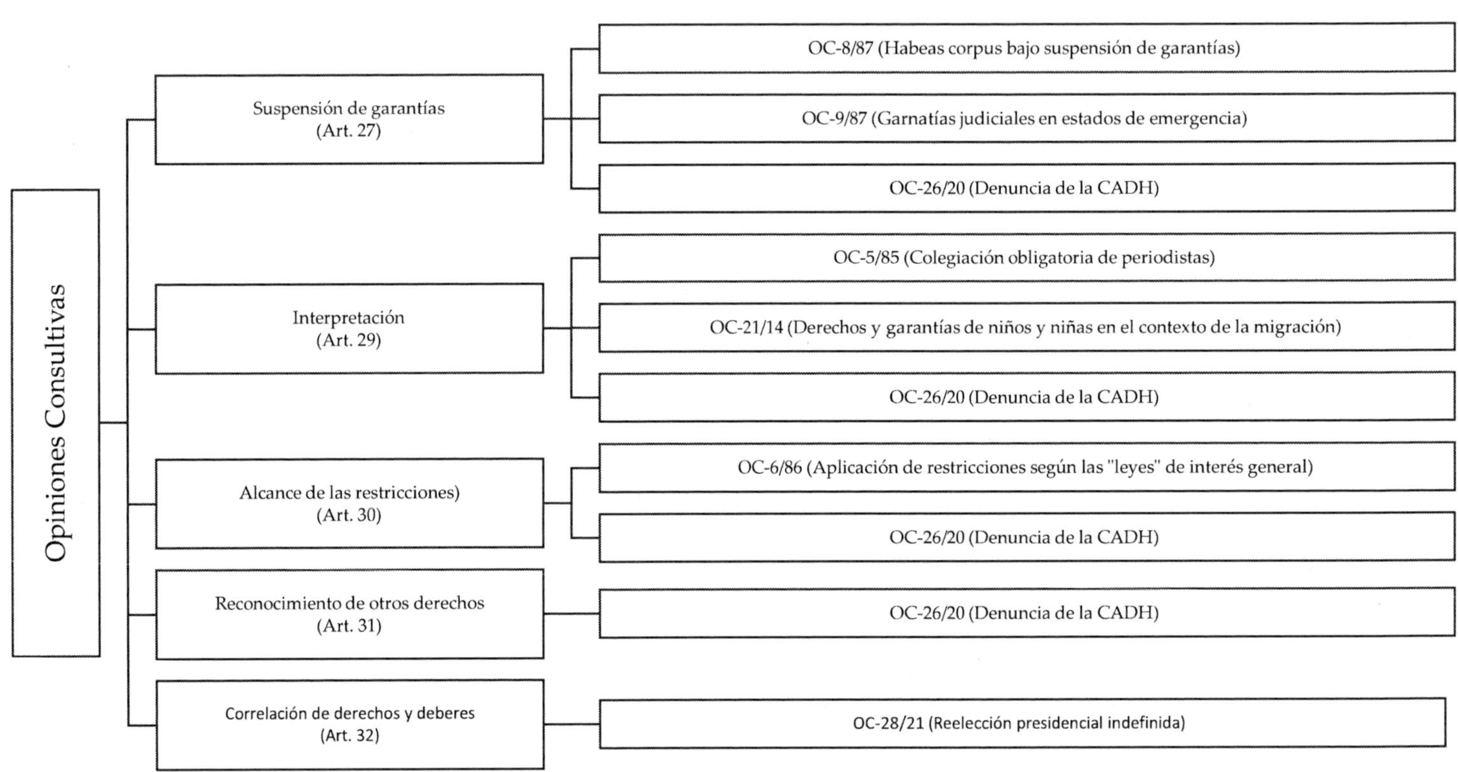

ESQUEMA 8.15. OPINIONES CONSULTIVAS SOBRE DISPOSICIONES DE LA CADH RELACIONADAS CON LA CIDH (ARTS. 33–51)

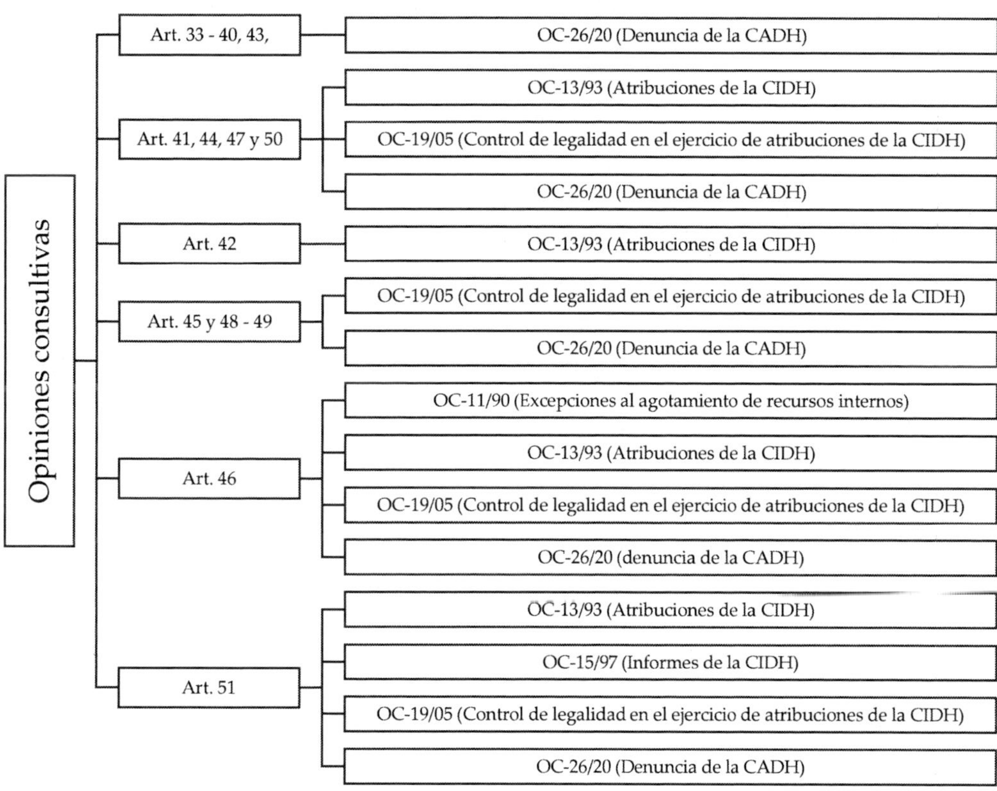

ESQUEMA 8.16. OPINIONES CONSULTIVAS SOBRE DISPOSICIONES DE LA CADH SOBRE LA CORTE IDH (ARTS. 52–69)

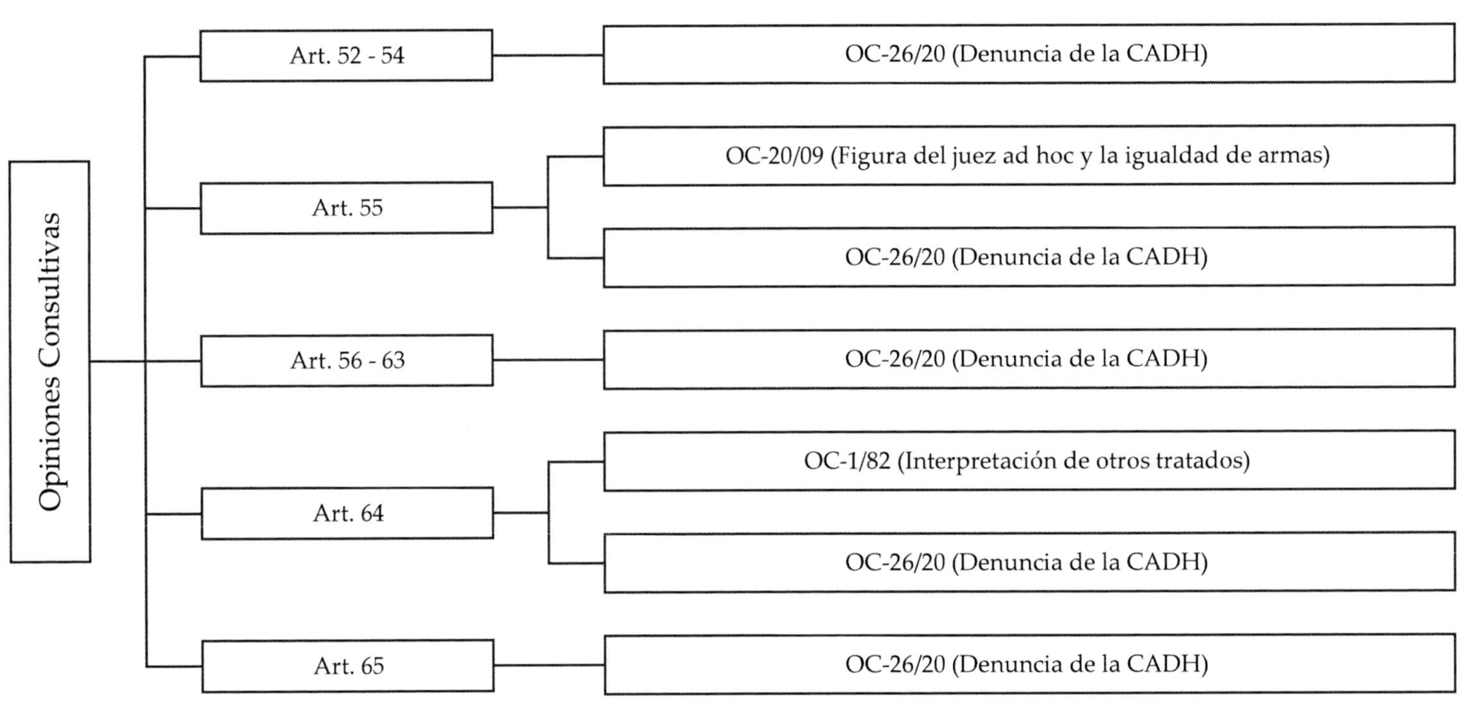

ESQUEMA **8.17. OPINIONES CONSULTIVAS SOBRE LA RATIFICACIÓN, LAS RESERVAS, LAS ENMIENDAS Y LA DENUNCIA DE LA** CADH (**ARTS. 74 – 78**)

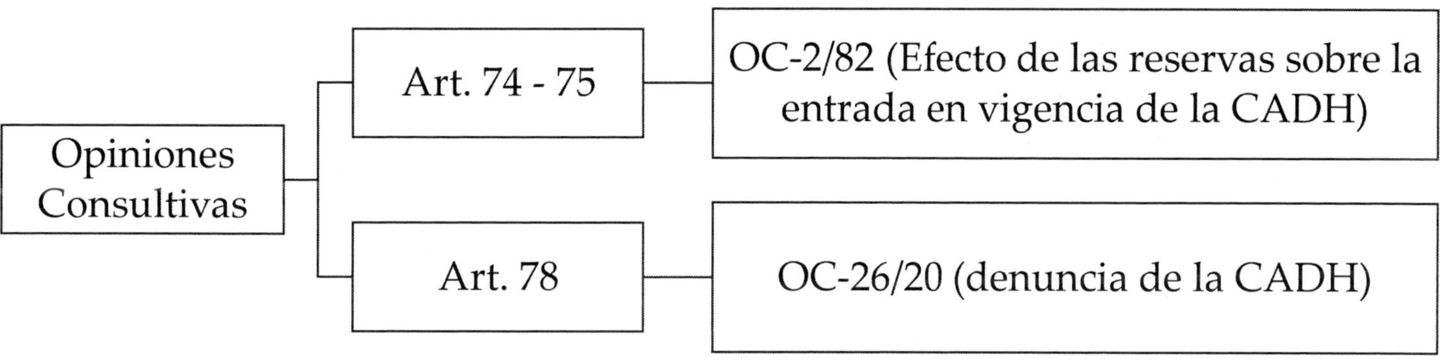

ESQUEMA 8.18. OPINIONES CONSULTIVAS SOBRE LA INTERPRETACIÓN DE OTROS TRATADOS DE DERECHOS HUMANOS

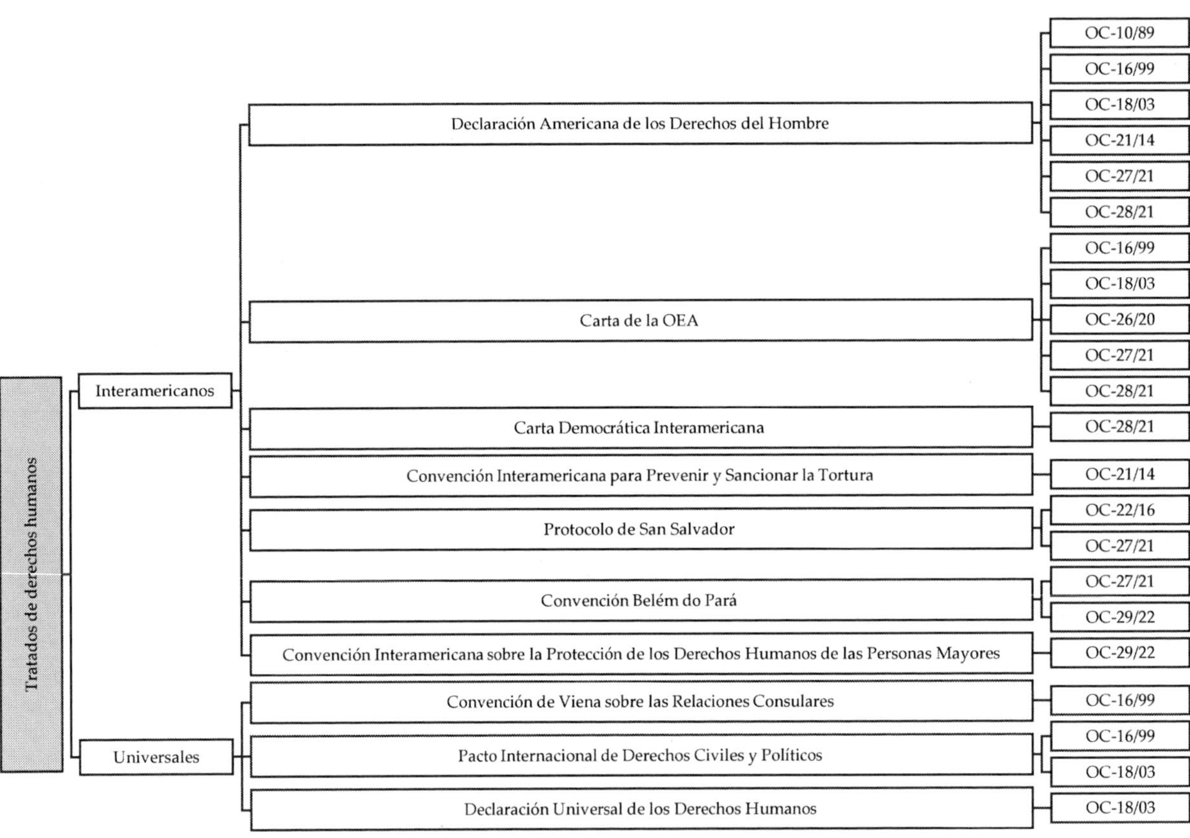

ESQUEMA 8.19. OPINIONES CONSULTIVAS SOBRE LA COMPATIBILIDAD DEL DERECHO INTERNO DE LOS ESTADOS

Bibliografía sugerida

LIBROS

Acosta Alvarado, Paola Andrea y Alexandra Castro Franco (eds.) *Jurisprudencia interamericana en los casos contra Colombia.* Bogotá, Universidad Externado de Colombia, 2018.

Acosta Alvarado, Paola Andrea (ed.) *Medidas provisionales de la Corte Interamericana de Derechos Humanos respecto de Colombia.* Bogotá, Universidad Externado de Colombia, 2021.

Bertot Triana, Harold. *Estudios sobre jurisprudencia de la Corte Interamericana de Derechos Humanos: cavilaciones al hilo de temas actuales del Sistema Interamericano de Derechos Humanos.* Argentina, Ediciones Olejnik, 2023.

Franco Martín del Campo, María Elisa y Zamir Fajardo Morales. *Las víctimas ante la Corte Interamericana de Derechos Humanos: evolución y tipologías.* México, UNAM, 2021.

García Chavarría, Ana Belém. *La prueba en la función jurisdiccional de la Corte Interamericana de Derechos Humanos.* México, CNDH, 2016.

Londoño Lázaro, María Carmelina. *Las garantías de no repetición en la jurisprudencia interamericana: Derecho internacional y cambios estructurales del Estado.* Bogotá, Universidad de La Sabana y Tirant lo Blanch, 2014

López-Cárdenas, Carlos Mauricio (ed.) *Reflexiones sobre el Sistema Interamericano de Derechos Humanos.* Bogotá, Universidad del Rosario, 2020.

Matía Portilla, Francisco Javier y Paula Robledo Silva. *La Corte Interamericana de Derechos Humanos: mecanismos de cumplimiento e informes nacionales.* Valencia, Tirant lo Blanch, 2020.

Pastor Ridruejo, José Antonio y Paola Andrea Acosta Alvarado. *Los sistemas internacionales de protección de los derechos humanos.* Bogotá, Universidad Externado de Colombia, 2021.

Salmón, Elizabeth. *Introducción al sistema interamericano de derechos humanos.* Perú, PUCP, 2019.

Savioli, Fabián. *El Sistema Interamericano de Protección de los Derechos Humanos. Instrumentos, órganos, procedimientos y jurisprudencia.* México, Instituto de Estudios Constitucionales del Estado de Querétaro, 2020.

Saavedra A, Yuria. El trámite de casos individuales ante la Corte Interamericana de Derechos Humanos. México, CNDH, 2015.

Roa Roa, Jorge Ernesto. *La función consultiva de la Corte Interamericana de Derechos Humanos.* Bogotá, Universidad Externado de Colombia, 2015.

CAPÍTULOS

Acosta López, Juana Inés y Cindy Espitia Murcia. "El litigio desde la perspectiva de los Estados en el Sistema Interamericano de Derechos Humanos: una aproximación a los principales retos", en *Éxitos y desafíos en los Sistemas Regionales de Derechos Humanos,* México, Corte IDH, 2022.

Ayala Corao, Carlos. "Breves reflexiones sobre el litigio ante la Corte IDH y los avances en su jurisprudencia", en *Éxitos y desafíos en los Sistemas Regionales de Derechos Humanos,* México, Corte IDH, 2022.

Mahnke Malschafsky, Andrés. "La irrupción de AIDEF en el Sistema Interamericano de Derechos Humanos", en *Éxitos y desafíos en los Sistemas Regionales de Derechos Humanos,* México, Corte IDH, 2022.

Mejía Gómez, Camilo y Daniel Rivas-Ramírez. "Las excepciones preliminares en los casos colombianos ante la Corte Interamericana de Derechos Humanos", en Paola Andrea Acosta Alvarado y Alexandra Castro Franco (eds.) *Jurisprudencia interamericana en los casos contra Colombia.* Bogotá, Universidad Externado de Colombia, 2018.

Rivas-Ramírez, Daniel. "A modo de epílogo. Las medidas provisionales de la Corte Interamericana de Derechos Humanos respecto de Colombia en los años 2020 y 2021", en Paola Andrea Acosta Alvarado (ed.) *Medidas provisionales de la Corte Interamericana de Derechos Humanos respecto de Colombia.* Bogotá, Universidad Externado de Colombia, 2021.

Saavedra Alessandri, Pablo. "The Role of the Inter-American Court of Human Rights in Monitoring Compliance with Judgments", *journal of Human Rights Practice,* Vol. 12, No. 1, 2020, pp. 178 – 184.

Sierra Porto, Humberto Antonio. "Presente y futuro de la Corte Interamericana de Derechos Humanos", en *Éxitos y desafíos en los Sistemas Regionales de Derechos Humanos,* México, Corte IDH, 2022.

Varón, Antonio. "Procedimiento en el Sistema Interamericano de Derechos Humanos: Corte Interamericana de Derechos Humanos", en Laura Victoria García-Matamoros & Diana Carolina Ávila-Medina (eds.) *Procedimiento, litigio y representación ante tribunales internacionales*. Bogotá, Universidad del Rosario, 2017.

ARTÍCULOS

Acosta-Alvarado, Paola Andrea. "Medidas provisionales de la Corte Interamericana de Derechos Humanos: el caso colombiano", *Iberoamérica,* Vol. 2022, No. 3, 2022, pp. 136-158

Acosta Alvarado, Paola Andrea, Juana Acosta López, Julián Huertas Cárdenas y Daniel Rivas-Ramírez, "Diagnóstico sobre las relaciones entre el derecho internacional y el derecho interno. El caso colombiano", *Estudios Constitucionales,* Vol. 16, No. 2, 2018, pp. 369 – 402.

Bertot Triana, Harold. "¿Es Venezuela un Estado parte de la Convención Americana de Derechos Humanos? Reflexiones al hilo del asunto Alfredo José Chirinos Salamanca y otros vs. Venezuela ante la Corte Interamericana de Derechos Humanos", *Boletín Mexicano de Derecho Comparado,* Año LVI, No. 166, https://doi.org/10.22201/iij.24484873e.2023.166.18904

Bovino, Alberto. "La actividad probatoria ante la Corte Interamericana de Derechos Humanos", *Sur: Revista Internacional de Derechos Humanos*, no. 3, 2005.

González Volio, Lorena. "La competencia de la Corte Interamericana a la luz de su jurisprudencia y su nuevo reglamento", *Revista do Instituto Brasileiro de Direitos Humanos,* Vol. 3, No. 3, 2002, pp. 141-170.

Hitters, Juan Carlos. La denuncia (retiro, abandono) de los estados de la Convención Americana sobre Derechos Humanos y de la Carta de la Organización de estados Americanos (OEA). Sus efectos sobre las obligaciones estatales. Consecuencias según la Corte Interamericana de Derechos Humanos", *Revista Vasca de Derecho Procesal y Arbitraje*, Vol. 34, No. 2, 2022.

Martinón Quintero, Ruth. "La legitimidad normativa de la Corte Interamericana de Derechos Humanos como tribunal internacional", *Andamios,* Vol. 17, No. 42, 2020, https://doi.org/10.29092/uacm.v17i42.737

Paúl Díaz, Álvaro. "Análisis sistemático de la evaluación de la prueba que efectúa la Corte Interamericana de Derechos Humanos", *Revista Chilena de Derecho,* Vol. 42, No. 1, 2015, pp. 297 – 327.

Serrano Guzmán, Silvia. "Sometimiento de casos ante la Corte Interamericana de Derechos Humanos por parte de la Comisión Interamericana de Derechos Humanos", *Revista IIDH,* Vol. 56, 2012, pp. 321 – 329.

Vargas Morales, Ricardo Alberto. "Las sentencias de la Corte Interamericana de Derechos Humanos como fuente del derecho nacional. Cuestionamientos necesarios a propósito de la aplicación del control de convencionalidad", *Opinión Jurídica,* Vol. 21, No. 44, 2022, pp. 349 – 371, https://doi.org/10.22395/ojum.v21n44a17

Vivanco, José Miguel y Juan E. Méndez. "Medidas de protección para testigos en casos ante la Corte Interamericana de Derechos Humanos", *Revista IIDH,* Vol. 19, 1994, pp. 157 – 169.

tirant
PRIME

Trabajamos para
mejorar el día a día
del operador jurídico